「推し」の科学

プロジェクション・サイエンスとは何か

久保（川合）南海子
Kubo-Kawai Namiko

a pilot of wisdom

目次

はじめに……11

第一章　＃「推し」で学ぶプロジェクション──応援──……16

ただのファン、ではなく「推し」
対象に働きかける
応援すると魅力を感じる
応援すると一体感がうまれる
応援するとまた観たくなる
対象（世界）と自分の関係性
プロジェクション？　なにそれ？
奇妙な行動とプロジェクション
プロジェクションのフレームワーク
ひとりひとりが世界を意味づけている
プロジェクションで世界を彩る

第二章　プロジェクションを共有するコミュニティの快楽──生成──……53

すでにある物語から新しい物語を作る

はるか昔からある「物語の派生」

「腐女子の二次創作」から考えるふたつのこと

二次創作の大きな市場

腐女子のプロジェクション・メカニズム

最善の説明をする「アブダクション」

スピンオフ作品が成り立つには

余白と解釈を愉しむコミュニティ

空想における自己の不在と俯瞰

プロジェクションで変わる、世界の意味

エージェントを介した情報の重ね描き

二次創作は科学理論の醸成と似ている

プロジェクションの共有におけるコミュニティの役割

共有されたプロジェクションは世界に広がる
二次創作は研究活動!?
宗教や芸術への展開

第三章　「推し」との相互作用が生まれるとき―育成―……102
マンガやアニメの「実写化」
原作を超えるイメージ
原作がないのに「実写化」を絶賛?
2次元と3次元のあいだで
観客に求められるもの
真っ白なスクリーンへの投射
誰もが楽しめる「モノマネ」
モノマネを「する」ときのプロジェクション
モノマネを「見る」ときのプロジェクション

アンドロイドはモノマネ芸人の夢を見るか？
コール・アンド・レスポンスはサルにもある
映画に向かって「応援する」という参加
わかちあうことの喜び
育てているという楽しみ
ヒトは世話をしたい
情けは「推し」のためならず
未来の同好たちへ伝える想い

第四章　ヒトの知性とプロジェクション――未来――……149

「認知科学」ってナニ？
認知科学と双子の学問
「モデル」で考える情報の流れ
人工知能（ＡＩ）とのつきあい方

プロジェクションとヒトの進化
なぜ私たちだけが生き残ったのか？
最古の彫刻「ライオンマン」
人類にとっての「物語」と「虚構」
未知なるところを目指した古代の大航海
道具の製作とプロジェクション
はるかな未来への働きかけ

第五章　とびだす心、ひろがる身体―拡張―……175
「推し」とぬいぐるみ
ひとりだけど、ひとりじゃない
サードマン現象と人工幽霊
イマジナリーコンパニオンと想像的なコミュニケーション
旅するぬいぐるみ

投射される関係性と思い出
身体は簡単に拡張する
偽物の手が自分の手になる
バックプロジェクションとその応用
コスプレする日常
装いで強くなる
円環をなすプロジェクション
腐女子の「女子ジレンマ」

第六章　プロジェクションが認識世界を豊かにする——救済——

第六章　プロジェクションが認識世界を豊かにする——救済——……216
「推し」の真髄
「推し」と生きがい
プロジェクションで感じる「体温」
絶望してなお生きていくとき

自己と物語
そして物語は続く
プロジェクションと多様性
世界はプロジェクションで豊かに彩られている

おわりに …… 237

主要参考文献一覧 …… 242

本書では、新書としての読みやすさなどを考慮して、参考文献や資料については本文中ではなく、巻末に一括して記載いたしました。

図版作成／ＭＯＴＨＥＲ

はじめに

あなたは「推し」に救われたことがありますか？　小さな体験ですが、私はあります。

ある年の冬、私の子どもは中学入試で不合格となりました。受験はその一校だけだったので、ほかの機会でリベンジするということもできませんでした。子どもなりに懸命に頑張ってきた結果として残念なことになり、子どもはとても落ちこんでいました。「しばらく学校には行きたくない」と言い、私もどうしたものかと途方に暮れるばかりでした。

その週末、子どもが好きな『KING OF PRISM（以下、キンプリ）』というアニメ映画の「応援上映」がありました。受験が終わったら行こう！と、前から予定していたのです。こういう状態なのでどうするか聞いてみると、とても映画を楽しむ気分ではないけど家にいても気が晴れないからとりあえず行く、と言うのでふたりで出かけました。

映画館に行く途中で応援のうちわを持った人に出会ったり、会場に着くとたくさんのファンの人たちで熱気にあふれていて、落ちこんでいた私たちの気持ちも少し盛りあがってきました。映画の内容は、これまでの物語のなかで披露された歌をランキング形式で紹介するという、ライブと往年の歌番組が合わさったような賑《にぎ》やかなものでした。

大きなスクリーンいっぱいに次々とあらわれる歌やダンスを観《み》ているうちに、私はいつのまにか自分が泣いていることに気がつきました。となりで観ている子どもに気取《けど》られてはいけないと、慌ててハンカチをだしてこっそり涙をぬぐいました。

私は悲しかったのではありません。映画を観ていてもずっと子どもの受験のことが頭を離れなかったのですが、キャラクターたちが全力で歌い踊る姿を観ているうちに、またそれを思いきり楽しみながら応援しているファンたちに囲まれているなかで、なんだかとても力づけられたのです。

今回の結果は残念だったけれどきっとこれも大事な経験なんだ、また前を向いて少しずつ歩いていけばいいんだ、そんなことが自分のなかで実感としてわいてきました。応援上映として「推し」を応援しているつもりが、自分のほうが元気づけられてしまう、ファンあるあるです。

私は当時、子どもとこの体験について話したことはなかったのですが、おそらく子どもも同じような気持ちだったのではないかと思います。なぜなら子どもは、週が明けるとなにも言わずいつものように学校に行き、少しずつ日常を取り戻していったからです。

あれから数年が経《た》ち、今回の本に、このエピソードを書いてもいいかと子どもに聞きました。すると子どもは「いいよ。あの時、私は、キンプリに救われたから」と言いました。やはりそうだったのかと納得しました。子どもは、キンプリの主人公が言うセリフでその時の気持ちを表現してくれました。「映画を観た後は、まさに『世界が輝いて見える!』だったよ」と。

私と子どもは、映画のなかの具体的なセリフや歌そのものだけを、明示的なメッセージとして受けとったわけではありません。不合格の通知を受けた時からずっと、自分のなかでもやもやと考えていたことが、映画をきっかけにはっきりとしたかたちになり、すっと自分に入ってくるような、そんな体験をしたのだと思います。そう考えた時、私は学生の頃に臨床心理学の演習で学んだ来談者中心療法を思いだしました。

来談者中心療法では、こころの問題の答えはクライエント(来談者)自身のなかにあるとして、カウンセラーはクライエントの姿を映す鏡のような存在になります。クライエントはカウンセラーという鏡に映ったもうひとりの自分を通して、本来の主体である「あるがままの自分」に気づいていくのです。

そもそも答えは自分のなかにあったわけですから、たどりついてみればなんということのない、あたりまえだと思うようなことかもしれません。しかし、自分のもやもやを対象に映して、その対象を通して自分を見つめ、自分に気づき、得た答えを自分がこころから納得して受けとれたことは、「救い」ともいえるような重要な体験となります。それは、自問自答の結果とたとえ内容は同じであっても、その人にとっての意味はかなり違うといえるでしょう。

私と子どもは同じ映画を観ながら、それぞれのなかにあったもやもやとした想《おも》いを映画のキャラクターや物語に映してみることで、それぞれの答えにたどりつきました。それは、これまでとは世界が違って見えるほどの変化を私たちにもたらしたのです。

「推し」に救われたという経験は、「推し」が自分に直接なにかしてくれたということではありません。「推し」によって自分がなにかに気づいたり、自分がなにかできるようになったり、自分をとりまく世界のとらえ方が変わったということなのでしょう。

あらためて考えてみると、このような自分のありようとこころの変化は、本書のテーマである「プロジェクション」がもたらす事象そのものです。はじめて聞いたという人が多いと思いますが「プロジェクション」とは、こころの働きのひとつで、認知科学から提唱された最新の概念です。

あなたにとって「推し」とは、何ですか？　その答えは、ひとそれぞれでしょう。ですから本書は、「推し」があなたにとって何なのかを考えるのではありません。本書の問いは、なぜ「推し」があなたにとって「そのようなものになりうるのか」ということです。

「推し」をめぐるさまざまな行動を端緒として、「プロジェクション」というこころの働きを紐解《ひもと》いてみませんか。本書を読んだ後には、あなたをとりまく世界の「意味」が変わっているかもしれません。

第一章　＃「推し」で学ぶプロジェクション——応援——

ただのファン、ではなく「推し」

あなたには「推し」がいますか？　「推し」がありますか？　いいなあと思っている人、います！　もしくは、あります！という人、いたら（あったら）いいなあと思っている人、そういえば「推し」って最近よく聞くけどいったいなに？という人……いろいろでしょう。

「推し」とは、簡単にいえば、とても好きで熱心に応援している対象（人や事物など）のことです。もともとは、女性アイドルグループのなかで自分がもっとも熱心に応援しているメンバーを指すファン用語でした。それがここ数年のうちに、さまざまなジャンルのファンにも知られるようになり、いまや一般的に使用される言葉となっています。対象もアイドルだけでなくアーティストや役者やタレント、アニメやマンガやゲーム、ドラマや映画や舞台や小説、スポーツや物や事柄など、この世界のあらゆるものすべてが「推し」になりえます。

ここで「推し」についてはじめて知ったという人は、こう思うのではないでしょうか。なるほど、つまり「私は○○のファンです」というのを、いまどきふうに言うと「私の推しは○○です」ってことか！

けれど、すでに「推し」についてよく知っていたり、自分に「推し」がいる（ある）という人は、そういわれるとちょっと違うんだよね……と思うかもしれません。では、ただのファンと「推し」は、いったいなにが違うのでしょう。

職場の同僚に、フィギュアスケートの羽生結弦《はにゅうゆづる》選手のファンがいます。スケート大会の前後には熱心にその話をしているので、かなりのファンであることは知っていました。でも私はなぜか、羽生選手を彼女の「推し」だと思ったことはなかったのです。

ある日、ふだんからおしゃれな彼女のネイルがとてもすてきだったので「そのネイル、すごくきれい！」と言ったら、「ありがとう！　これ、羽生くんの衣装をモチーフにしてもらったの」というではありませんか。その瞬間、私は、彼女にとって羽生選手は「推し」なんだ！と気づいたのでした。

なぜ私は、彼女にとって羽生選手は「推し」であると認識するようになったのでしょうか？

そこに、ただのファンとは違う「推し」とはなにかを考えるヒントがあります。

ほかの例も見てみましょう。職場の別の同僚に、韓国のアーティストグループＢＴＳのファンがいます。ある時、彼女がジャケットの襟にＳＤＧｓ（Sustainable Development Goals：持続可能な開発目標）のピンバッジをつけていました。彼女は大学のジェンダー研究所の所長でもありましたから、それでつけているのだと思いました。すると「もちろんそれもあるけど……実はＢＴＳが国連でのスピーチの時につけていたから、私もつけたくなって」とのこと。なんとＳＤＧｓのピンバッジは「推し」と同じものを自分も身につけたいという、ひとつの「推し活」（「推し」にまつわるファン行動のことを「推し活」といいます）でもあったのです。

職場のさらに別の同僚と、「この前の連休はなにしてた？」と雑談していたら「横須賀でクルージングをしてきた」と言います。よくよく聞くと、湾内をめぐる遊覧船から自衛隊や米軍の艦船を見ることができるツアーとのこと。私は、彼女がマンガ『ジパング』や『あおざくら防衛大学校物語』のファンであることを知っていました。だからそれが、単に艦船を見物するクルージングではなく、横須賀で実際の景色や艦船を見ながら、それらの景色や艦船がでてきたマンガの世界に浸るという「推し活」だったことがわかりました。私もそれらのマンガが好きなので、うらやましい気持ちでおみやげ話を聞かせてもらいました。

どうでしょう？　これらの例から、ただのファンではなく、「推し」を推すファンのありようが少し見えてきましたか？　ただのファンと「推し」では、好きの程度が異なるのはもちろんです。けれど、それよりも大きなポイントは、ファンである自分が「なにをするか」にあります。

私の同僚たちのように、好きな対象のイメージをもとになにかを生成してしまう、好きな対象と同じことをしてしまう、好きな対象の世界を現実で体感しようとしてしまう、など「推し」をめぐってファンはいろいろなことをしています。その対象をただ受け身的に愛好するだけでは飽き足らず、能動的になにか行動してしまう対象が「推し」である、と本書では考えます。

対象に働きかける

対象をただ受け身的に愛好するだけの段階から、好きという情熱に突き動かされ、なにかしたい！という気持ちになったら、まずはなにをするでしょう。

応援する、ほかの人にすすめる、グッズを集めるなどは、「推し」を推す、はじめの一歩です。自分が好きなものが活躍している姿を見て、「すてき！　頑張れ！」と言いたい、自分が好きなものをもっと多くの人に知ってもらいたい、自分が好きなものをもっといろいろ見たい、そんな気持ちが、好きな対象をただ享受するだけの立場から、自分が対象に「なにかをする」行動へと駆り立てます。

テレビや雑誌やインターネットで見るだけだったアイドルやアーティストのライブへ行って声援を送ること、見る・読むだけだったアニメやマンガの感想をSNSに書いてみること、ポスターやいろいろなグッズなどを集めたり部屋に飾ってみること……ファンとして「なにかをする」ことは、その人を受動的なファンから能動的なファンへと変化させます。

自分から対象に働きかけることによって、自分は変化するのでしょうか。つまり、受動的なファンから能動的なファンへと行動が変化した時、ファンである自分のこころは、なにか違うものになっているのか、ということです。

それは逆でしょうって？　こころが変化したから行動が変化したのであって、だとしたらこころが違うのはあたりまえなのではないか、そう思うのはたしかに当然です。

認知科学や心理学では、身体性認知（embodied cognition）という考え方があります。それは、人間の認知活動をこころと身体《からだ》と環境とのダイナミックなやりとりとしてとらえます。身体はこころの単なる入れ物ではなく、環境や状況は必要とする情報源や行動するだけの場所ではなく、感情は認知を妨害するものではないのです。身体や環境や感情は、人間の認知活動とわかちがたく結びついていると考えます。身体性認知は、こころから行動を考えるだけでなく、身体の行為から認知をとらえなおそうというアプローチでもあるのです。

応援すると魅力を感じる

身体性認知の見地から、応援について検討した研究があります。認知科学の三浦慎司《しんじ》先生と川合伸幸先生は大学生を対象に、アニメ『あしたのジョー』の試合場面に登場するキャラクターを応援してもらい、その対象への好みや魅力度、強さを評価させました。参加者は、具体的な動作としては、大型モニターの映像に向かって大きな太鼓を叩《たた》くような動きでペンライトを振るように指示されました。これはアイドルのライブなどで見られる観客の行動と同じです。実験に参加した大学生たちは、ひとりを除き、『あしたのジョー』のアニメを観たことはありませんでした。実は、参加者には「アニメを見ながらペンライトを一定間隔で振り、振り方によってどのように動きのズレが生じるか測定する」というニセの目的を告げていました。ですから、参加者はしっかりペンライトを振るのですが、キャラクターを「応援」しているという自覚はないのです。

試合の場面はどちらが勝つともわからないもので、キャラクターは四人でした。実験には以下のような条件が設定されていました。四人のキャラクターはそれぞれ、実験参加者がペンライトを振っている時に活躍していた人、ペンライトを振っている時には活躍していなかった人という役割があり、それはキャラクターによって固定しないよう参加者ごとにカウンターバランスをとって割り当てられます。つまり、参加者にとってペンライトを振るという行為は同じでありながら、応援対象の活躍ぶりは異なっていたのです。もうひとつ、重要な条件がありました。実験中にペンライトを振る、という行為には二種類ありました。ひとつは、先ほど言ったように、ライブでアイドルなどにペンライトを振るような動作です。もうひとつは、ペンライトを後ろに向けて自分の肩を叩くように振るという動作でした。これは、ペンライトを振るという動作は同じでも、ライブなどでの振り方とはまったく似つかない動きです。

さて、実験の結果はいったいどのようなものだったのでしょう。はじめて見るキャラクターについて応援しているという自覚もないまま一生懸命にペンライトを振ってみたら、こころになにか変化があるのでしょうか?

なんとおもしろいことに、ライブ鑑賞のようにペンライトを振っていた時に活躍していたキャラクターだけ、実験後の評価で魅力度が突出して高くなっていたのです。ペンライトを後ろ向きに振ったキャラクターや、ペンライトを振っているのに活躍していなかったキャラクターの魅力度は、実験前後で変化していませんでした。好みや強さには、どの条件でも違いは見られませんでした。四人のキャラクターに対してどのようにペンライトを振るかは、参加者ごとに変えていましたから、これはキャラクター固有の魅力度や好み、強さを反映した結果ではありません。

この実験からわかることは、応援しているというつもりはないのに、ペンライトを前向きに振った時、その先にいるキャラクターが活躍していたら、そのキャラクターが魅力的に見えてくる、ということです。それだけ、自分がとる行動はこころに大きな影響を与えることがわかります。実験前にはほとんどフラットな状態だった参加者のこころでさえこうなるのです。そもそも自分が好きな対象の活躍を、意識的に能動的に全身全霊で応援するという行為が、どれだけ対象の魅力度を爆上げするか、あらためていうまでもないでしょう。

ただ一方的な受け身のファンでいるのではなく、自分から対象に働きかけることによって行為が生まれます。すると、その行為はこころに影響して、また新たな行為となり、それがさらにこころへ影響を……というエンドレスな循環が起こります。この実験は対象が映像でしたから、応援によって対象の様子が変化するということはなかったのですが、対象が現実世界に存在するのであれば、応援によって対象が変化することもあるでしょう。声援に応えてくれることだってあるかもしれません。そうなればさらに、こころに影響する要素は増えることになります。

このような循環の効果は、応援だけに見られるわけではありません。感想をＳＮＳに書いたり、グッズを集めたりする行為も同様です。つまり、自分が好きな対象に働きかけることは、自分の「推し」に対する想いが際限なく増幅されていく、底無しの循環システムのなかへとびこむことにほかなりません。「推し」のいる人たちが、そのような自分と「推し」のありようを「沼」と表現しているのはたしかにそのとおり、ある意味とても写実的とすらいえるのです。

応援すると一体感がうまれる

では、応援している時の脳の活動は、どのようになっているのでしょう。認知科学の嶋田総太郎先生のグループは、応援における脳内のミラーシステムと報酬系の活動について研究しました。脳には、自分が運動する時だけでなく、他者が運動をしているのを見ただけでも同じように活動する神経細胞があります。それは、まるで他者の行動を映した鏡のように反応することから、ミラーニューロンと名づけられました。そのミラーニューロンが存在している脳領域

（運動前野《ぜんや》、一次運動野《うんどうや》、下頭頂葉《かとうちょうよう》）を総括して、ミラーシステムと呼んでいます。報酬系とは、脳における快感に関連した領域で、心地良い刺激や行動があると活性化されます。報酬系にはさまざまな領域が関与していますが、他者がなんらかの報酬を受けとるのを観察した時に、自分が快感情を得られる「代理報酬」では、腹側線条体《ふくそくせんじょうたい》、腹内側前頭前野《ふくないそくぜんとう》、腹側前帯状回《ふくそくぜんたいじょうかい》などが活動することがわかっています。

嶋田先生らは、実験参加者にプレイヤーの勝敗があるゲームを観戦させ、応援したプレイヤーの勝敗と参加者の脳活動との関連を調べました。まず、プレイヤーがジャンケンをしている映像を観てもらい、参加者は指定されたプレイヤーを応援します。実験後に、参加者はプレイヤーとの一体感について、質問紙の数値で評価します。次に、プレイヤーが指定された秒数でストップウォッチを正確に押せるかという、別のゲームの映像を観せます。プレイヤーは先ほどのジャンケンと同じですが、この時、参加者には、どちらを応援すべきかという指示はありません。

この実験の結果、最初のジャンケンの時、参加者のミラーシステムにおける活動量とプレイヤーとの一体感の強さには相関が見られました。他者の運動（ジャンケンゲーム）を自分の運動のようにとらえているほど、その他者と自分との一体感も強くなるといえます。次のストップウォッチの時には、ジャンケンで応援していたプレイヤーがゲームで成功すると、代理報酬に関連した脳領域の活動量が大きくなりました。さらに、その領域の活動はミラーシステムとの機能的な結合性も高かったのです。一方で、応援していなかったプレイヤーに対しては、そのような結合性は見られませんでした。

これらの実験から、応援している時には、他者の行動を自分の行動のようにとらえる脳内のシステムが働いており、応援している対象の成功は代理報酬として快感をもたらしていることがわかります。

つまり、「推し」を応援すると、行動でも感情でも「推し」との一体化が生じるといえるのです。「推し」と自分は一体であると感じられるのであれば、それもまた大きな快感となって、さらに応援への熱がこもることでしょう。そうなると、そこには先ほどの底無しの循環、すなわち「推しの沼」がある、というわけです。

応援するとまた観たくなる

近年、eスポーツ（いわゆるコンピュータゲーム）への関心が高まり、その普及や選手の育成にも注力されています。大学にもゲーマーの学生がいたり、子どもがタブレットで熱心に観ている動画がゲーム実況であったりするので、たしかに盛りあがっているのはわかるのですが、私はまったくゲームをしないのでいまひとつノリきれません。しかし、世間でのいろいろなスポーツは、必ずしも経験者ではない人々も熱狂的に観戦しています。eスポーツがさまざまなプロスポーツのようなエンターテインメントとして成立するには、ゲーマーだけでなく、やったことがない人でも観たら楽しいと思えることが必要でしょう。そこでゼミ生の識名澪亜さんと、eスポーツ観戦における観戦方法の違いが楽しさにどのような影響をおよぼすかについて研究をおこないました。

知人程度のグループ一二名と親しい仲間のグループ一二名に、それぞれゲーム大会の試合動画を大型モニターで観てもらいます。ゲームはプレイヤーAとBの対戦で、一二名は六名ずつAかBを応援するように分けられました。観戦方法は、試合状況のライブ解説を聴きながら観客は無言／解説つきで観客同士の会話あり／解説つきでプレイヤーに向かっての応援行動あり／解説会話応援行動のなにもなし、というものでした。ゲーム大会の試合動画は毎回異なり、AとBの勝敗が決まって終了します。観客はAかBの応援をするように最初から指示されていますが、応援行動あり条件の時だけ、アイドルのライブで観客が持っているうちわのように装飾されたフラッグ型の小道具を持って振ってもらいました。

実験の結果、どちらのグループでも観客同士の会話ありと応援行動ありで、解説のみありとなにもなしよりいろいろな楽しさの評価は高くなりました。観戦している時に一緒にいる人と話をしたり、気分のあがりそうな小道具を使ってみんなで応援行動をしたら、楽しくなるのは当然でしょう。おもしろいのは、会話ありと応援行動ありの条件で違いが見られたところです。親しい仲間のグループで応援行動ありの条件では、「勝って嬉《うれ》しい／負けて残念」「また観戦したい」という評価の数値が、会話ありの条件よりも有意に高くなりました。知人程度のグループではこの項目で、会話ありと応援行動ありの違いはありませんでした。

プレイヤーの勝敗を自分のことのように感じるのは、嶋田先生らの研究でも示されたように、応援行動による一体感が生じているからでしょう。三浦先生らの研究でわかったように、小道具を振って応援行動をすることで対象の魅力があがったとも推測できます。そのような一体感や魅力を親しい仲間とも共有できた楽しさが「また観戦したい」という気持ちにつながっていると考えられます。

友人に誘われてはじめて行った〇〇のライブですっかり「推し」になった、一度でも「推し」のライブや舞台などに行くとやみつきになって必ずまた行きたくなってしまう、とは「推し」を推す人たちからよく聞きます。背景にこのようなこころの働きがあるとすれば、それはまったく不思議ではありません。

この実験から、観戦中にただおしゃべりするだけではなく、観客が行動を通じて対象を応援するという働きかけをうながすことが、観戦を一回かぎりのイベントではなく、エンターテインメント・コンテンツとして成立させるためには重要だと考えられます。ゲームになじみのない人々も含めてeスポーツの振興を考えるならば、応援するという体験への着目もおもしろいのではないでしょうか。

対象（世界）と自分の関係性

「推し」をめぐるファンの行動は応援だけでなく、実にさまざまなものがあります。私の職場の同僚の例では、ネイルなどのモチーフにしてなにかを新たに生成する、ピンバッジのように同じものを身につけてみる、現実で同じ世界を体感するために関連のある場所を訪ねる、などいずれも対象を愛好するだけでなく、自ら行動を起こして、対象とファンである自分をつなぐ働きかけをしています。そのようなありようが見えた時、その人にとって〇〇は「推し」であると考えられます。

応援に関する三つの研究例からもわかるように、対象への働きかけは、対象ではなく働きかけた自分のこころを変化させます。「推し」を推すことは、自分のこころや行動が変わることなのです。そこが、ただのファンとは違う「推し」の大きな力だといえるでしょう。

「推し」には、推す「自分」と推される「対象（世界）」が存在します。「推し」とは、自分だけでも対象だけでも成立しない、それらの「関係性」であるといえます。世界は自分と他者やモノで存在しています。自分は自分だけで生きているのではなく、他者やモノとの関係性のなかで生きています。たとえば心理学や認知科学などは、そのような世界で生きている人間のこころについて探究してきました。それらの学問では、感覚・知覚・学習・記憶・注意・言語・思考・情動・対人関係などについて、人間はどのように外界の情報を処理して、世界をどのように認識しているのか、深く詳細に研究されています。

しかし、「推し」を推すように、自らの働きかけで自分の内部世界とモノや他者といった外部世界をつなぐようなこと、それによるこころの働きをとらえる概念は、あまり検討されてきませんでした。なぜでしょう？　それは、あまりにもあたりまえだったからです。外部からの情報を処理して、世界を認識できたなら、すなわちそれが世界なのだろう、と考えられてきたからです。この時、外部からの情報（物理世界）と自分の認識（見え方）にズレはありません。

もちろん、たいがいのばあいはそうなのですが、私たちの世界はそんなに単純なものばかりで

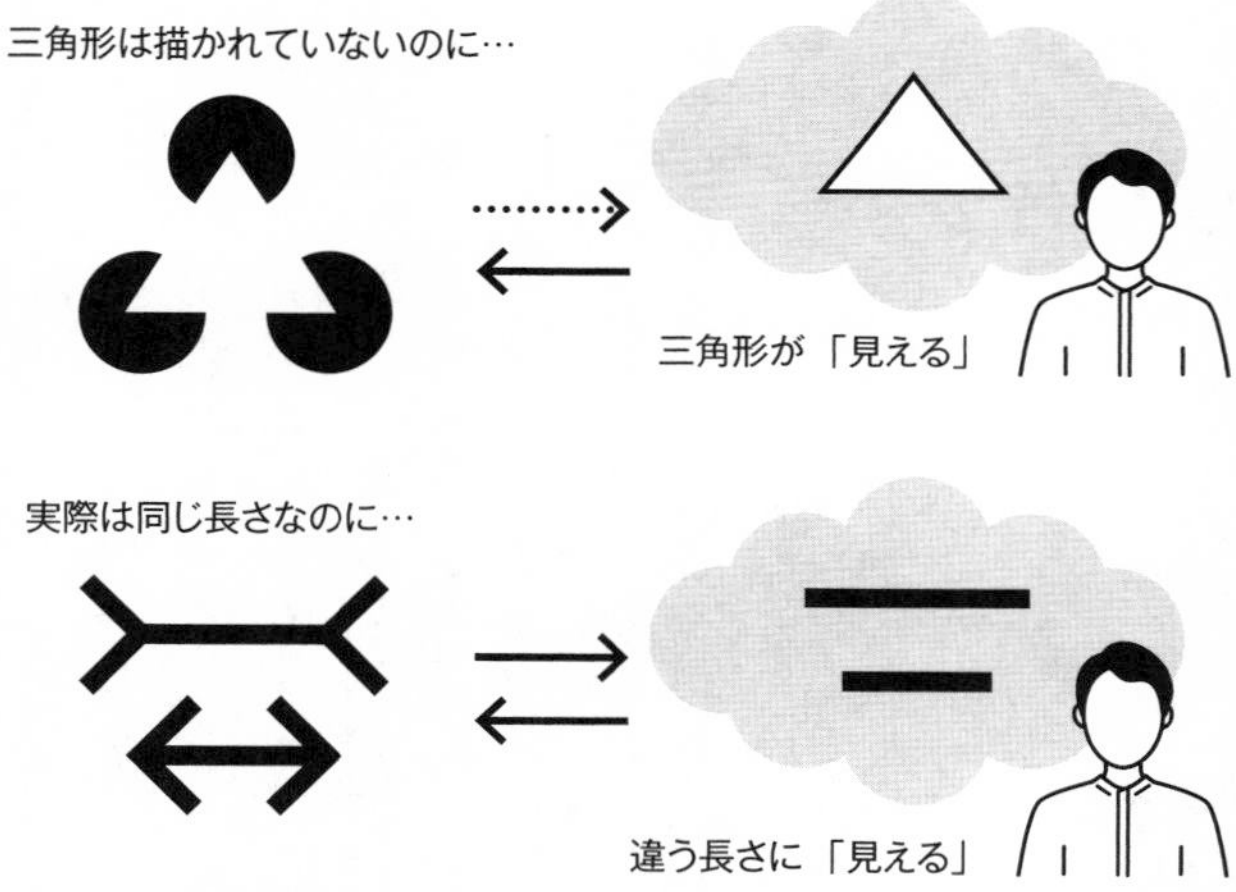
三角形は描かれていないのに…
三角形が「見える」
実際は同じ長さなのに…
違う長さに「見える」

図1　錯覚の例

はありません。

たとえば錯覚（図1）などは、外部からの情報（物理世界）と自分の認識（見え方）にズレが生じるために起こります。外部からの情報と自分の認識がズレていて、あたりまえのことがあたりまえではないから、錯覚は不思議でおもしろいのです。

錯覚は、知覚レベル（見え方）での例でした。では、もっと高次の認知活動（たとえば、事物のとらえ方や考え方など）では、どのようなズレがあるでしょう。例をあげて見てみます。

あなたの目の前に茶碗《ちゃわん》があります。茶碗という物理情報は、あなたに茶碗であると認識され、あなたは茶碗として使用します。

お茶を淹《い》れてもらったので何気なく飲みました。「おいしいお茶ですね、ありがとうございます」と返します。目の前の茶碗は茶碗である、これが、あたりまえのズレのない世界です。しばらくして二杯目をいただく前に、「それ実は、人間国宝が作ったすごく高価なものなんです」と言われました。さっきとまったく同じ茶碗という物理情報は、あなたにすごく高価でありがたい茶碗であると認識され、あなたはすごく高価でありがたい茶碗として使用します。お茶を淹れてもらったので両手で抱えて慎重に飲みました。「素晴らしい茶碗ですね、ありがとうございます」と返します。さっきとまったく同じ茶碗なのに、あなたの行動はまるで違います。この時、最初に自分が見た外部からの情報といまの自分の認識にはズレが生じています。

物理情報である茶碗はなにひとつ変化していません。変わったのは、あなたの認識と働きかけです。茶碗にまつわる言語情報によってあなたの認識が変わり、変わった認識はあなたによってさっきと同じ茶碗に付加されて、あなたの茶碗に対する行動が変化したのです。

物理的なモノに、自分の認識が付加される働きかけのプロセスがある、ということを二杯目の事例はあきらかにしてくれます。あたりまえすぎて、一杯目の時にはそれに気がつかないだけなのです（一杯目の茶碗にも、ただの茶碗であるという認識は付加されているわけですが）。物理的なモノに自分の認識が付加される、そのようなこころのプロセスは、気がついてみればとてもおもしろい働きです。

対象（世界）と自分の関係性において、自分がどのように対象（世界）を認識するかだけでなく、自分は認識をどのように対象（世界）へ付加していくのか？　こころと世界はどのようにつながっているのか？　あたりまえだと思われて見過ごされてきたけれど、このおもしろそうなこころの働きにアプローチする研究の概念が、ごく最近、認知科学から登場しました。それが「プロジェクション」です。

プロジェクション？　なにそれ？

私が「プロジェクション」という言葉をはじめて耳にしたのは、二〇一六年の日本認知科学会の大会から夫が帰ってきた後でした。なにかのおりにふと、夫が「あなたのような腐女子《ふじょし》たちのやっていることは、プロジェクションなんだね」と言ったのです。唐突に、よくわからない用語で腐女子について納得されたので、とても面食らいました。

ちなみに「腐女子」とは、男性同士の恋愛（ボーイズラブ：BL）を描いたマンガや小説作品を好む女性たちのことです。彼女たちはしばしば、既存の物語（男性同士の恋愛要素は皆無）を、男性同士の恋愛物語として読み替えて楽しみます。

それを聞いた私は「プロジェクション・マッピングが腐女子とどんな関係があるの?」と、勘違いする始末。プロジェクション・マッピングとは、空間や物体に映像を投影して重ね合わせた映像にさまざまな視覚効果を与える技術で、本書のテーマであるプロジェクションとは違います。私はその頃、まだ認知科学会に入っていなかったので、プロジェクションについて、まったく知りませんでした。

プロジェクションとは、二〇一五年に認知科学の鈴木宏昭《ひろあき》先生によって、はじめて提唱された概念です。鈴木先生は、「プロジェクションとは、作り出した意味、表象を世界に投射し、物理世界と心理世界に重ね合わせる心の働きを指している」と説明しています。つまり、こころと世界をつなぐ働きをしているものとして、プロジェクションという概念を「発見」したわけです。

人間は、自分をとりまく物理世界から入力された情報を受けとり、それを処理して、表象を作りだします。それは人間にとっての意味となります。けれどこのような情報の受容と表象の構成は、人間のこころの働きの半分でしかありません。もう半分では、作りだした表象を物理世界に映しだし、自分で意味づけた世界の中でさまざまな活動をしているのです(図2)。この一連のこころの働きが、プロジェクションです。

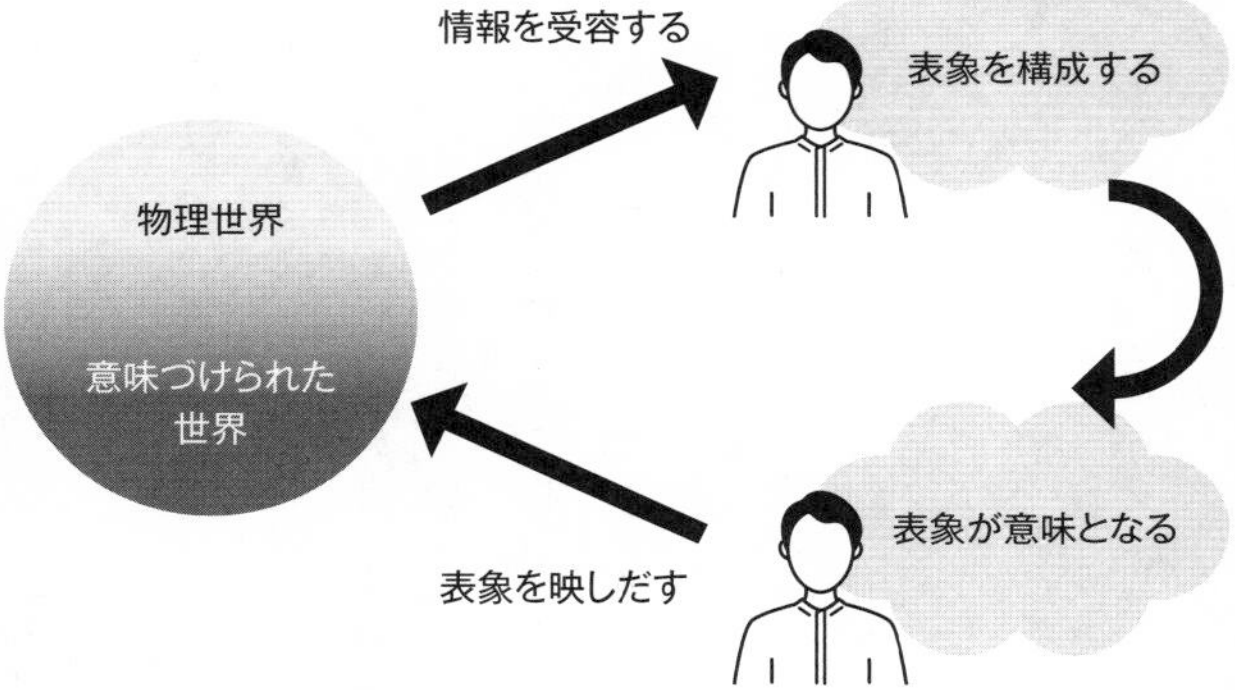

図2　プロジェクションというこころの働き

プロジェクションを詳細に説明しようとすると、とにかく至極あたりまえのことからお話しすることになってしまいます。なぜなら、こころと世界がそのままつながっていることはあたりまえだと誰もが思っているから。でも、先ほどの茶碗の例のように、そのままがあたりまえではない時もあるとわかると、人間の不思議なこころで彩られている世界の新たな姿が見えてきます。

プロジェクションの説明のために、まず基本的な枠組みなどをお話しするよりも、とりあえずプロジェクションの実例として、いくつか「推し」をめぐるファン行動を見ましょう。なぜなら、「推し」を推すこと、すなわち対象への働きかけは、プロジェクションの「こころと世界をつなぐ働き」そのものだからです。

奇妙な行動とプロジェクション

「推し」をめぐるファンの行動にはさまざまなものがあるとお話ししましたが、ファン以外の人からすれば、とても奇妙としか思えないこともたくさんあります。先ほど触れた、夫が「プロジェクションなんだね」と言っていた、腐女子のやっていることもそのひとつです。男性同士の恋愛要素は皆無である物語なのに、それを男性同士の恋愛物語として読み替えて楽しむという行為は、たしかにかなり奇妙なものでしょう（これは第二章で詳しく説明します）。

いくつか、例を見てみます。日曜日の夕方、子どもと一緒にアニメ『ちびまる子ちゃん』を観ていたら、ある時こんな話がありました（二〇二一年七月一一日放送）。主人公まる子のお姉さんは、西城《さいじょう》秀樹さんの大ファンです。ある日、まる子とお姉さんが、子ども部屋のなにもない壁を見つめてうっとりしていました。同居しているおじいちゃんがやってきて、それをいぶかしげに見ています。ふたりは子ども部屋の壁に西城秀樹の身長と同じ高さのところへ印をつけて、あたかも西城秀樹がそこにいるかのように想像して見あげていたのでした。ふたりの目の前の壁にはなにもないのに、ふたりには西城秀樹が微笑《ほほえ》んで立っている姿が見えていたのです。ふたりからそのように説明されてもピンとこないおじいちゃんでしたが、まる子に「おじいちゃんは百恵《ももえ》ちゃんでやってみなよ」と言われ、山口百恵さんの身長に合わせた高さに印をつけた壁を見つめてみました。すると、おじいちゃんにも微笑む山口百恵が見えて、思わずうっとりしたのでした。

この回は、一九七〇年代を舞台にした物語ながら、西城秀樹という「推し」を推すお姉さんのいろいろな言動が、現代の「推し活」にも通じるということでSNSなどでもかなり話題となったようです。

ところでこれは最初、まる子とお姉さんの見えている世界が見えないおじいちゃんにとっては、ふたりの行動は理解できない奇妙なものです。子ども部屋の壁にはなにもなく、うっとりする意味がわかりません。けれど、理由を説明されておじいちゃんにも同じような世界が見えてくると、おじいちゃんにとって子ども部屋の壁はさっきまでとまったく違う意味を持ちます。子ども部屋の壁に小さな印がつけられたことをきっかけに、三人はそれぞれの「推し」を壁に映しだすという働きかけをしました。そして、壁にはなんの変化もないにもかかわらず、三人にとってはうっとりできるすてきな壁になったのです。たとえばこれが、プロジェクションです。

次の例を見てみましょう。二〇一九年に放送されたNHKスペシャル『AIでよみがえる美《み》空《そら》ひばり』（AI＝人工知能）は、歌手の美空ひばりさんの過去の音源や映像を人工知能の技術で解析し、デジタル映像と音声で再現した試みです。再現された美空ひばりが4K・3Dホログラム映像で等身大に映しだされ、分析の結果から再現された目や口の動きで新曲を歌い、観客に語りかけます。この企画はのちに、再現された「AI美空ひばり」が『NHK紅白歌合戦』にも「出演」したことで、「感動した」「冒瀆《ぼうとく》では」「人格とは？」など議論百出となりました。

私がこの番組を観てもっとも興味深かったのは、AI美空ひばりを実際に目の当たりにしたゆかりのある人々やファンたちが、涙を流して感動していたことです。誰もが、これは本物の美空ひばりさんではない、とわかっています。作りあげられた映像と音声なのだとしっかり理解したうえで、なお激しくこころを揺さぶられていることに、とても驚きました。

これは、美空ひばりを知らない人にとっては、とても奇妙な光景でしょう。その人にはこの映像は、よくできたCGだな、くらいにしか思えません。実際、美空ひばりを知らない私の子どもの感想はそうでした。けれど、偽物であるCGに震えるほど感動できるのは、見ている人がそこに本物の美空ひばりの面影を重ねるという働きかけをしているからです。たとえばこれも、プロジェクションです。

もちろんプロジェクションは「推し」だけに起こるわけではないので、違う例もあげましょう。「幽霊の正体見たり枯れ尾花」ということわざがあります。幽霊だと思って怖がっていたものをよく見ると、風にゆれる枯れすすきであった、という意味です。よくわからないので薄気味悪いと思っているものでも、その正体をたしかめてみると、実は少しも怖いものではないということをあらわしています。

ある朝、リビングから子どもの悲鳴が聞こえたのでなにごとかと駆けつけたら、部屋の隅にある折りたたまれたキャンプ用のチェアに驚いていました。休日に使おうと思って、前夜、子どもが寝た後に物置から出しておいたものです。雨戸が閉まっていて薄暗いリビングの片隅に見慣れないものがあり、子どもいわく「宇宙人かと思った」とのこと（図3・上）。その発想に思わず爆笑しそうになりました

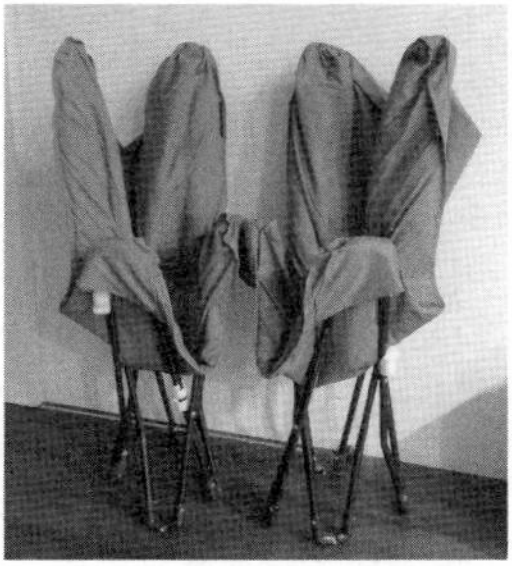
たたまれたイス（宇宙人?）

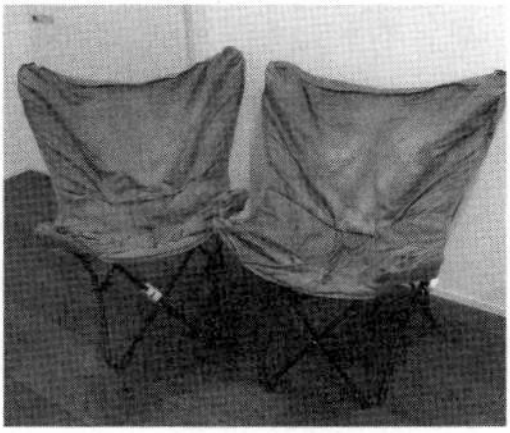
広げられたイス（見慣れたイス）

図3　イスの写真

が、本気で怯《おび》えていた子どもの手前こらえて、チェアを広げてみせ「大丈夫、これはイスだよ」と説明しました（図３・下）。広げられてみれば、子どもが見慣れたイスです。なあんだ、と恥ずかしそうにホッとしている様子を見て、これがプロジェクションだなと思いました。幽霊も宇宙人も、見た人自身が枯れすすきやたたまれたチェアに、幽霊や宇宙人のイメージを映しだしているから存在するわけです。そのイメージが映しだされなくなったら、もう目の前には幽霊も宇宙人もおらず、枯れすすきやたたまれたチェアがあるだけです。

ちなみに、宇宙人の話には後日談があります。子どもの反応をおもしろがった夫は、それから何回か、薄暗い部屋に折りたたんだチェアを置いて子どもを驚かそうとしました。しかし、もう子どもはまったく怖がらず、むしろ鬱陶しそうに無視されるチェア（と夫）。子どものなかではもう二度と、宇宙人がチェアに映しだされることはなかったのです。とはいえ、またいつか、別のなにかに、なにかが映しだされて驚くことになるのでしょうが。

いかがでしょう……プロジェクションについて、なんとなくわかってきたような気がしますか？　最初、建物などに映像を投影するプロジェクション・マッピングとは違うと説明しましたが、むしろ似たようなものと考えたほうがわかりやすいかもしれません。映像／面影やイメージを、映画のスクリーンのようなフラットなものでなく、そこにある「既存のもの」に映しだす、ということであれば、それらはほとんど同じと言っていいでしょう。

プロジェクションって、いわゆる思いこみや勘違い？　だったらこれ、もしかしたらプロジェクションなのかも、と思いあたるようなエピソードはあるでしょうか？

自分の身近にあるプロジェクションってなんだろう。そんなことを考えながら、プロジェクションの詳細について聞いていただけたらと思います。

プロジェクションのフレームワーク

プロジェクションの基本的な枠組みを説明するために、まず用語を整理させてください。ちょっとなじみのない言葉もあるかもしれませんが、もし、これをきっかけにほかのプロジェクションの本も読んでみようと思った人には、用語が統一されていたほうがわかりやすいのでそうします。

世界のなかに自分（主体）がいます。主体以外の世界を外界とします。外界からの情報を発する人や事物を「ソース（投射元）」と呼びます。外界からの情報を受けとって処理する主体は、ソースが提供する情報を処理して「表象（イメージ）」を構成します。そして主体は、その表象を世界の特定の人や事物に「投射」します。この表象が投射されたものを「ターゲット（投射先)」と呼びます。この一連のシステムが「プロジェクション」です。

ただ、これでは投射(projection)という英語と同義になってややこしいので、システムの一部である「投射」については、投射という表記のみ使用します。本書でのプロジェクションという表記は投射だけの意味ではなく、このシステム全体を指しています。

また、本書のタイトルに入っている「プロジェクション・サイエンス」とは、プロジェクションが関与する現象をあつかうさまざまな研究領域の総称です。プロジェクション・サイエンスは、プロジェクションというこころの働きをとらえるための枠組みを作りだし、表象を含む内部モデルと実在する世界とを結びつける新しい認知科学を創出することを目的としています。

さて、プロジェクションはソースとターゲットの関係から三つの投射タイプに区別できます。

①通常の投射(図4・上) これは投射の典型的なもので、外界のソースとターゲットが一致しているケースです。私たちはふだん、このような投射をしながら世界のなかで生活しています。

これまでの例でいえば、まる子とお姉さんの様子と子ども部屋の壁を見て、「なにもない壁に向かってなんでうっとりしとるんじゃ?」といぶかしげにしているおじいちゃんは、この時、通常の投射をしています。ソースである壁は、おじいちゃんという主体において壁という表象を構成され、壁という表象が外界の壁に投射されてターゲットになっています。この情報の流れにおいて、どこにも齟齬《そご》はありません。外界のソース（壁）とターゲット（壁という表象が投射された壁）は一致しています。説明するのもまだるっこしいくらい、あたりまえのことです。

このような通常の投射をしているおじいちゃんにとっては、あるがままのただの壁をまる子とお姉さんがうっとり見ているから、ふたりの様子が奇妙に感じられるのです。

②虚投射（図4・中）　これは、外界にソースが不在でターゲットだけがあるケースです。私たちの投射は、①のようなあたりまえの投射だけではないのです。

①の例で続けていえば、子ども部屋のなにもない壁に向かってうっとりしているまる子とお姉さんは、この時、虚投射をしています。ふたりにとって、外界の壁はソースではありません。まる子とお姉さんという主体において、構成されている表象は西城秀樹です。しかし、いま子ども部屋に西城秀樹は存在していませんから、西城秀樹というソースはふたりの外界に不在です。ふたりの表象はすでに主体内部にあります。ソースが外界に不在であるにもかかわらず、ふたりの主体内部にある西城秀樹という表象が外界の壁に投射されて、ターゲットになってい

ます。この情報の流れにおいて、外界のソース（西城秀樹）は不在で、ターゲット（壁に投射された西城秀樹）だけが存在していることになります。

ふたりにとって、目の前の壁は通常の投射の状態とは異なり、西城秀樹がいる壁として存在しています。だから、その壁にうっとりしています。しかし、ふたりが虚投射をしていることが他者にはわからないので、他者から見るとふたりの様子が奇妙に感じられるのです。

③異投射（図4・下）　これは、外界のソースとターゲットが一致していないケースです。②と同じく、私たちの投射があたりまえの投射だけではないことがわかります。

これまでの例でいえば、薄暗い部屋でたたまれたチェアを宇宙人だと思って驚いた子どもは、この時、異投射をしています。子どもにとって、外界のソースはたたまれたチェアです。しかし、子どもという主体において、構成されている表象は宇宙人です。この宇宙人の表象は、外界に存在するソースによってすでに主体内部にあったものが再構成されたといえます。ソースであるたたまれたチェアは、子どもという主体において宇宙人という表象を構成され、宇宙人という表象が外界のたたまれたチェアに投射されてターゲットになっています。この情報の流れにおいて、外界のソース（たたまれたチェア）とターゲット（宇宙人という表象が投射されたたた

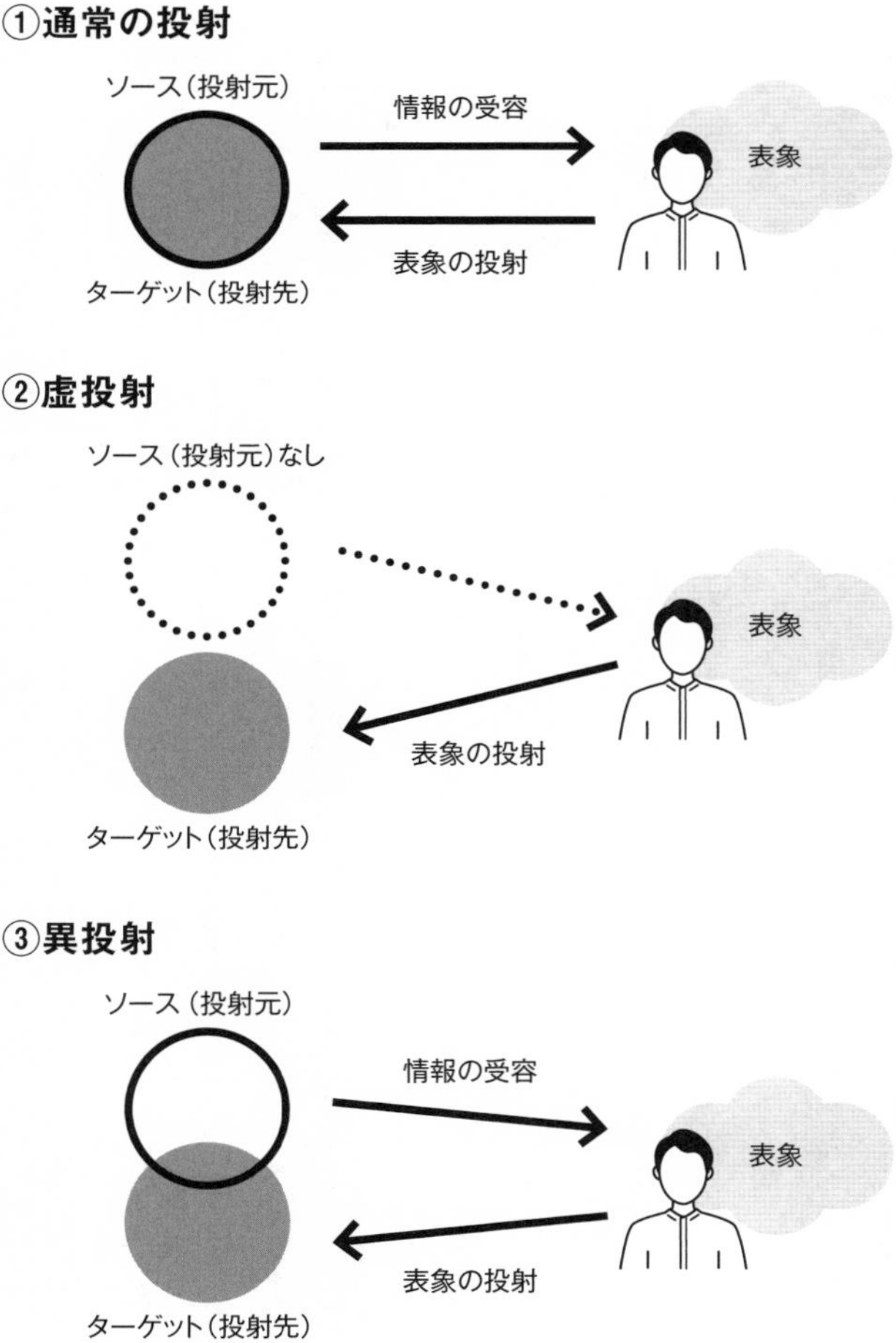

図4　プロジェクションのタイプ

まれたチェア）は一致していません。

子どもにとって、目の前のたたまれたチェアは通常の投射の状態とは異なり、宇宙人として存在しています。だから、とても驚きます。しかし、子どもが異投射していることが他者にはわからないので、私にはたたまれたチェアに怯える子どもの様子が奇妙に感じられるのです。

ＡＩ美空ひばりの例も異投射にあたります。ソースはＣＧの美空ひばり、表象は生前の美空ひばり、ターゲットは生前の美空ひばりという表象が投射されたＣＧの美空ひばり、ということになります。

茶碗のエピソードでいうと、最初の状態が通常の投射で、人間国宝云々《うんぬん》と言われた後の状態が異投射です。これは、同じソースでも表象によってターゲットが変わる、という例なのです。

ひとりひとりが世界を意味づけている

プロジェクションでは、個人それぞれの表象が投射されます。まる子とお姉さんにとっては壁にいる西城秀樹が、おじいちゃんにはわからないのはそのためです。その後、説明されたおじいちゃんは、自分でも山口百恵を壁に投射しています。そして、おじいちゃんにとっても、壁には山口百恵がいることがわかりました。おじいちゃんは、うっとりとなにもない壁を見つ

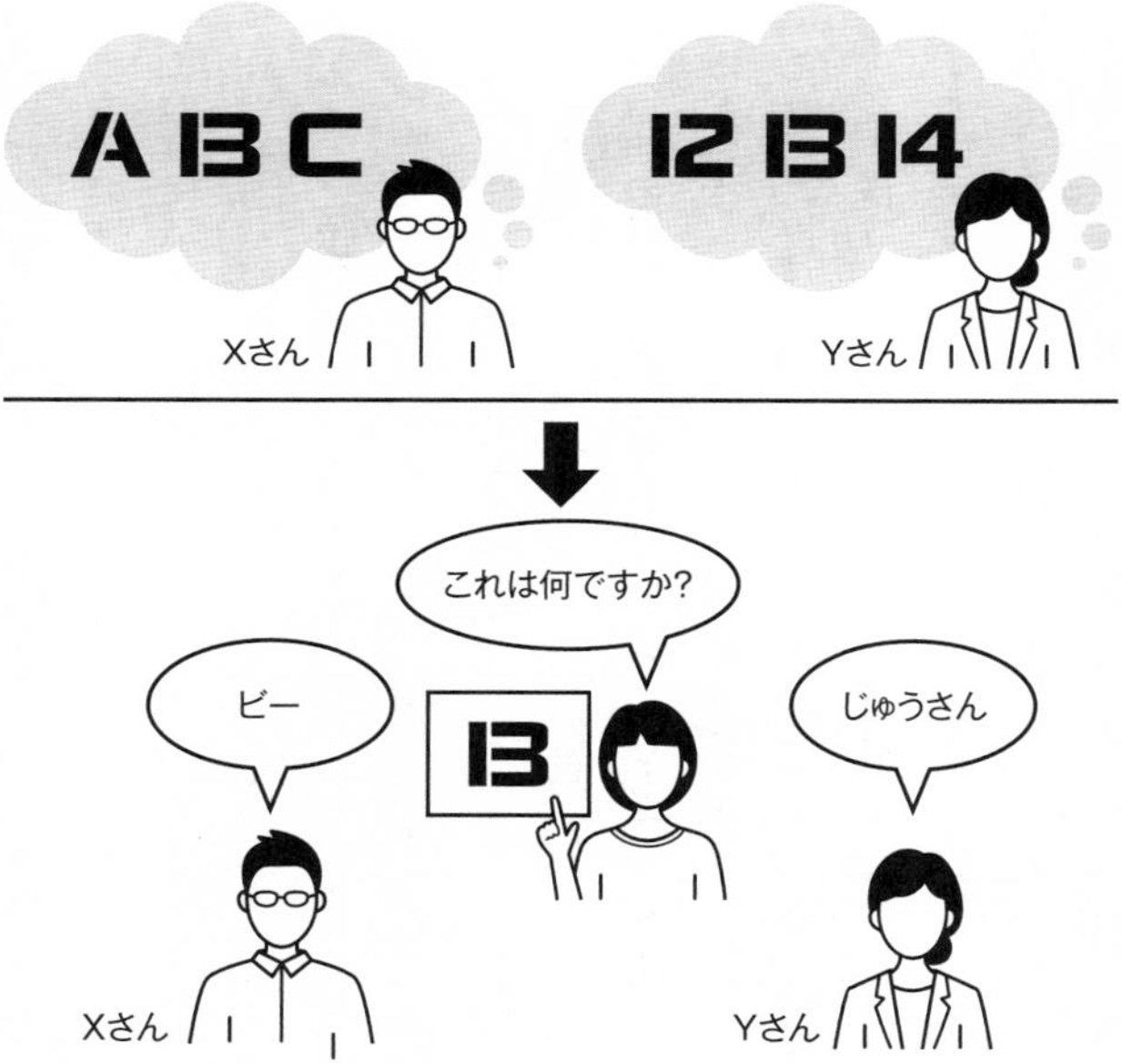

図5　文脈効果の例

めます。ほんの数分で、おじいちゃんにとって壁は劇的な変化を遂げています。しかし、物理的なモノとしての壁にはなんの変化もありません。

これを別の事例で見てみましょう（図5）。「ある記号」があります。Xさんは、A—ある記号—Cという並びで認識します。Yさんは、12—ある記号—14という並びで認識します。それぞれに「ある記号」は何ですか？と聞くと、XさんはBだと言います。Yさんは13だと言います。この

「ある記号」は、心理学で「文脈効果」といわれるこころの働きを説明するためによく使用されるものです。文脈効果とは、前後の刺激や環境が対象の知覚に影響を与えることを指します。

この事例は、表象の投射によってモノの意味が変わることを端的にあらわしています。知覚された「ある記号」（外界のソース）は、文脈効果によって表象を構成します。その表象が「ある記号」に投射されます（ターゲット）。XさんとYさんでは構成された表象が異なるので、「ある記号」は同じであるにもかかわらず、まったく意味の異なるモノとなります。

ほかに、たとえば「プラセボ効果」も、表象の投射によってモノの意味が変わるよい例です。プラセボ効果とは、偽薬（プラセボ）の投与によって見られる治癒の効果のことです。偽薬には薬物そのものの効能はありません。にもかかわらず、投薬された安心感やこの薬には効果があるという自己暗示、医師への信頼などの心理作用によって症状が改善することがあるのです。

これは、投与された本物の薬とニセの薬という、外界のソースは別のものなのに、同じような表象が構成された結果、ターゲットは同じになるという例です。本物の薬では通常の投射が、偽薬では異投射がなされています。通常の投射と異投射のセットですが、茶碗の事例（ソースは同じでターゲットは別）とは逆です。

プラセボ効果でもっとも着目したいのは、本人の気持ちとしての思いこみだけでなく、本当の薬と同じような治癒の効果が身体的にも見られるところです。「病は気から」ではないですが、気持ちが身体に明確な影響をおよぼしています。このように、表象を投射した先のターゲット（投射された偽薬）から主体（投射した自分）に向けてさらに投射が起こる（治癒の効果）ことを「逆投射」といいます。逆投射については、また第五章で詳しくお話しします。

人によってモノの意味が違う、ということであれば「絵踏み」などもその例でしょう。絵踏みは、江戸時代に隠れキリシタンを見つけだすためにおこなわれました。キリストや聖母が彫られた板（踏み絵）などを踏ませ、それを拒んだばあいは「キリスト教徒」として捕らえて処罰しました。キリスト教徒にとっては、キリストや聖母は信仰の対象であり、それがたとえ木や金属に彫られたモノであったとしても、足で踏むなどという行為は耐えがたいことだったでしょう。しかし、キリスト教徒でなければ、キリストや聖母が彫られていてもそれはただのモノですから、踏むことにためらいはありません。キリスト教徒とそれ以外において、ソースは同じでも、投射される表象が違うので、ターゲットとなる踏み絵の意味は異なります。信仰心という目に見えないこころの働きを見つけだすために、なかなかすごい手続きを考えつくものだなと感心します。これはもはや、プロジェクションの行動実験だといえます。

この例でさらに興味深いのは、絵踏みの効果があったのは初期の頃だけで、次第に「内面でキリスト教を信仰しさえすればよい」という考えが広まり、役人の前では絵踏みをした後、ひそかにキリストに祈る人もいたということです。この人にあらわれている行動としては、キリスト教徒でない人と同じなのですが、踏み絵に投射されている表象はキリスト教徒と同じです。だから、絵踏み後に祈る行為まで含めて、投射が何層か重ねられ、信仰や絵踏みという行為を意味づけていると考えられます。このように、階層的な投射ができることも、人間のこころの大きな特徴だといえます。

プロジェクションで世界を彩る

同じモノを見ていても、人によってその意味が違う。同じモノであるのに、この前といまでは自分のなかで意味が違う。日常でも本当によくあることです。私たちの世界は、ただ物理的なモノが存在しているだけではありません。プロジェクションによって、物理的なモノにひとりひとりが「意味」をつけているのです。そのようなこころの働きによって、世界はモノと意味とで彩られています。

「推し」を推す人たちの「推し活」には、物理的なモノに意味をつけているプロジェクションがよく見られます。同僚の例にあったネイルやバッジや艦船は、それぞれの「推し」に関するその人なりの想いが、モノとしてのそれらに投射されています。そうすることで、モノは特別な意味を持って彼女たちの世界を豊かにします。

ゼミ生の文房具をふと見たら、ある色のものばかりだったので「これ、あなたの推しの〇〇のカラーだね！」と言ったら、「そんなつもりはないんですけど、なぜか持ち物が推しの色ばかりになっちゃうんです……」とのこと。その人にとってその色は、ほかの色とは違う特別な意味を持つ色なのです。「推し」のいる（ある）人にとっては、このようなエピソードは枚挙にいとまがないでしょう。

「推し」のグッズはいまや、そのものがついているものばかりでなく、イメージを彷彿《ほうふつ》とさせるようなものも多くなっています。色やかたち、数字や香りなど、さまざまなモノを手がかりとして「推し」のイメージが投射されたグッズがあります。公式に販売されているグッズばかりでなく、イメージに合うものを自分で見つけだしたり、作ったりすることも「推し活」の楽しみです。それらも、プロジェクションというこころの働きがあってこそなのです。

「推し」を推すとは、ファンである自分が対象をめぐって「なにかをする」ことだとお話ししました。することの内容はさまざまですが、どれも自分のなかの世界を外の世界とつなぐような働きかけだといえます。

「推し」にかぎらず、そうやって自分と世界をつなぐ時に、そこに私たちは「意味」をつけています。意味をつけることで、その人だけの世界はその人らしく、ほかの人たちやモノが存在する世界とつながっているのです。だから、つながりは人によって千差万別ですし、個人のなかでも時とばあいで変化もします。

そのようにつながりのかたちはいろいろですが、そのメカニズムやダイナミズムは共通しています。なぜなら、かたちは違ってもプロジェクションというこころの働きは同じだからです。人間はプロジェクションによって、自分を含めた世界を受け身で認識するだけでなく、自分で世界を意味づけて生きているのです。

では、いったいプロジェクションとは、私たちのなかでどのようなプロセスで生じているのでしょうか。第二章では、「推し」の新しい物語を生成するこころの働きから、プロジェクションのメカニズムを検討します。そして、本来は個人のなかだけで生じるプロジェクションが他者とも共有された時、そこにはどんな快楽とダイナミズムが見られるのかを見ていきます。

ではいよいよ、「推し」というガイドブックを片手に、プロジェクションをめぐる旅に出発しましょう。

第二章　プロジェクションを共有するコミュニティの快楽―生成―

すでにある物語から新しい物語を作る

私は以前、紫綬褒章《しじゅほうしょう》も受章されたマンガ家の竹宮惠子《けいこ》さんに、人間の創造性（クリエイティビティ）についてのインタビューをしたことがあります。その時に竹宮さんは、作家と読者の関係を「わたしの物語は、あなたの物語になる」と表現しました。それは、送り手である作家の世界を託された物語が読者に渡された時、その物語には受け手である読者の世界も投影されるということでしょう。

作家が作りだしたものを、読者は読者の世界から見ます。両者は同じ作品を見ていますが、そのとらえ方はそれぞれ違っているのかもしれません。たとえば、同じ本を読んで書かれるたくさんの読書感想文でも、内容が同じものはありません。読者の生きている世界が、ひとりひとり異なっているからです。物語を読んだ人の内的世界が感想として物語に映しだされたからこそ、同じ本を読んだとしても読書感想文はひとりひとり違うものとなります。そのように「自分の内的世界を外界の対象に映しだすこころの働き」が第一章でお話ししたプロジェクションです。

なにかの物語に深い感動をおぼえたり強い衝撃を受けたりすると、ただ感想を吐露するだけではどうにも気持ちがおさまらないことがあります。そのように作品や「推し」を熱愛するあまり、その作品や「推し」の新しい物語を自分で作りだしてしまう、というファン行動があります。それが二次創作です。二次創作はマンガやイラストや小説だけでなく、動画やグッズなどその種類も多岐にわたります。熱心なファンたちのなかには、二次創作を生成する人と、それを読んだり見たりして楽しむ人によって、とても大きなコミュニティが形成されています。

本章で対象とする二次創作物とは、著作権法に保護されているマンガやアニメなど、既存の作品で描かれるキャラクターや設定を使用して、独自の物語を作りだすパロディのような生成物のことです。ファンによる二次創作は、原作の利用行為であると同時に創作行為でもあるという両面性を含んでいます。そして、その法的な位置と現実的なありようは、かなり複雑です。

著作権者や出版社は、消費者によるコンテンツの利用と再使用を厳しく管理する傾向にありますが、一方ではそのような姿勢が、現代の創作的な文化の発展や学術研究を萎縮させるという恐れも指摘されています。実際、著作権者や出版社は、無数の二次創作物を「黙認」しているというよりは、何十年も「見て見ぬふり」をしてきたというのが正直なところでしょう。

大多数の良心的な二次創作者たちは、そのことをよくわかっています。違法性を認識しているからこそ、二次創作のコミュニティは細心の注意と原作への敬意をなによりも大切にしています。今後はさらに、著作権者や出版社側は現実的な対応を考えていくことになると思います。たしかに、原作の尊厳を損なうものや、原作の市場での収益性を阻害するものなどには厳しい措置が必要です。しかし、二次創作のようなユーザー発信の文化が、原作市場の活性化などにおよぼす影響も重要です。著作権者や原作の尊厳や収益性を守りつつ、熱心なファンたちの愛好心や創作活動を受けとめるには、二次創作に関するパブリックライセンスやガイドラインの策定なども有効なのかもしれません。

はるか昔からある「物語の派生」

すでにある物語から別の新しい物語（派生作品）を作りだすには、プロジェクションという働きは不可欠だと考えられます。なぜなら派生作品には、すでにある作品をそのまま認識するのではなく、受け手が自分の内的世界を投射しながら物語をみる過程が含まれるからです。

人間は文字を使いはじめるよりもずっと昔から、既存の物語をもとにして新たな物語を作りだしてきました。『古事記』と『日本書紀』には、兄から借りた釣り針をなくしてしまった弟が海中に探しにいくという『海幸山幸神話《うみさちやまさち》』が記されています。そのような物語の原型は、日本からはるか遠いインドネシア付近やミクロネシアなど、南太平洋地域の神話に見ることができます。

また、誰もがよく知っている民話『浦島太郎』は、『日本書紀』にはじまり、『万葉集』や『丹後国風土記《たんごのくにふどき》』など奈良時代の文献に記され、平安から江戸そして明治の時代においても、さまざまに姿を変えながら残ってきた文学作品でした。一三〇〇年もの長い歴史において、浦島太郎の物語は送り手から受け手へ伝承されながら、その地域の特性や時代背景などを取りこんできました。その時どきで物語は受け手の世界を反映したものへと変化し、そこから新たな物語が生まれ続けてきたといえます。

一〇〇〇年以上も前に創作された『源氏物語』は、いまでも膨大な派生作品を生みだしています。能『葵上《あおいのうえ》』や本居宣長《もとおりのりなが》の『手枕《たまくら》』という古典から、大和和紀《やまとわき》さんのマンガ『あさきゆめみし』や橋本治《おさむ》さんの小説『窯変《ようへん》　源氏物語』など現代のマンガや小説、映画や宝塚歌劇など、あげればキリがないほどです。たったひとつの物語が、長い長いあいだ幅広いジャンルにわたる人々の創作意欲を刺激し続けてきました。一〇〇〇年前の物語は、現在も読者のなかで活発にプロジェクションされ、それぞれの内的世界を投射した新しい物語として生まれ変わっているのです。

「腐女子の二次創作」から考えるふたつのこと

本章では、物語の派生として、熱心なファンたちによってなされる二次創作に着目します。最初にも述べましたが、本章でとりあげる二次創作とは、マンガやアニメなどの既存の作品で描かれるキャラクターや設定を使用して、独自の物語を作りだすパロディのような生成物のことです。

それらのなかでも特に「腐女子の二次創作」をとりあげます。腐女子とは、男性同士の恋愛（ボーイズラブ：ＢＬ）を描いたマンガや小説作品を好む女性たちを指します。「腐女子」という呼称は、もともとは彼女らの自嘲やユーモアをこめた自称として使用されていましたが、現在では一般の呼称として用いられています（最近では、それらの女性たち自身から、もう腐女子という呼称の使用はやめようという動きもあります。私もそれに賛成ですが、本書では一般にもわかりやすい用語として使用しています）。

　ここで腐女子の二次創作をとりあげて、考えたいことはふたつあります。ひとつめは、腐女子によって二次創作がなされる過程を分析することで、物語の派生に関わるプロジェクションのメカニズムについて考えます。ふたつめは、腐女子の二次創作が彼女らのコミュニティで共感され多くの支持を集める経過から、個人のプロジェクションが多くの他者と広く共有されるダイナミズムについて考えます。

　プロジェクションによる物語の派生について検討するために、腐女子の二次創作をとりあげる理由は、そこに「明確で極端な」プロジェクションが見てとれるからです。

　たとえば、少年マンガの『キャプテン翼』『SLAM DUNK』『テニスの王子様』などは、チームメイトやライバルである男性キャラクターたちが切磋琢磨《せっさたくま》しながら成長していくスポーツマンガです。二次創作を好む腐女子たちは、それらの作品で描かれる男性間の友情やライバル関係の物語から、男性同士の恋愛物語を作りだして楽しんでいます。

　これを、第一章で説明したプロジェクションのフレームワークで考えてみましょう。ソース（本来のマンガで描かれている友情やライバル関係）は実在しています。腐女子の表象（男性同士の恋愛）が投射されたターゲット（本来のマンガで描かれている友情やライバル関係に恋愛要素が投射された妄想や二次創作）は、ソースとは異なっています。これは、プロジェクションの類型（異投射／虚投射）からは逸脱していません。したがって腐女子の二次創作は、プロジェクションの「特殊な例ではない」ことがわかります。むしろ明確なプロジェクションであるといえます。ただし、もとの作品において男性同士の恋愛的要素はまったく想定されていません。にもかかわらず、そこに恋愛関係を見いだすのはソースとターゲットの乖離《かいり》の程度が大きいので、プロジェクションの「極端な例」であると考えられます。このように「特殊ではないが極端な例」は、メカニズムの詳細を探るためにとても良い材料です。

腐女子たちはいったい、恋愛的要素のまったくない既存の作品を「どのように」男性同士の恋愛物語としてみなすのでしょうか？　そのような腐女子の「妄想」のメカニズムを探ることは、プロジェクションにおけるソースとターゲットの大きな乖離が、どのようなプロセスで埋められていくのかを検討することになります。

ちなみに、本章において「妄想」という用語には、異常心理学的な意味や価値判断を含みません。また、腐女子らは自分たちの空想を一般的に「妄想」と自称することが多く見られます。

これまで「妄想」というような異投射（第一章の「イスの宇宙人」など）や虚投射（第一章の「壁の西城秀樹」など）はどれも、個人の内部で生じるプロジェクションの働きとしてとらえられてきました。しかし、プロジェクションとは、個人のみに生じるこころの働きではありません。ある個人のプロジェクションが「多くの他者と共有される」という現象はたくさんあります。本章の後半で触れますが、私たちの科学・宗教・芸術などは、まさにそのようなプロジェクションの共有によって発展してきたといっていいでしょう。後半ではそれらの例から、個人に生じたプロジェクションが他者と共有されるダイナミズムについて考えます。

二次創作の大きな市場

腐女子たちは実に多くの二次創作を生成し、かつ消費しています。男性同士の恋愛を描いたBL作品（マンガ・小説・イラストなど）は、流通経路（同人誌やウェブサイトなどの個人ベースか、出版社などの商業ベースか）と作品の設定（既存作品のキャラクターや設定を使用しているか、作者独自のものか）によって四つに分類されます（図6）。

市場規模としては「商業BL」と「二次創作」が圧倒的に大きいものです。商業ベースのBLコンテンツ市場は二二〇億円（二〇一五年資料）とのことで、どこの本屋でもBLコーナーが設置されていたり、BL作品専門のガイドブックも毎年発行されています。BL市場はいまや、日常生活でとても身近な「割り箸」の一九七億円（二〇一三年資料）よりも大きい市場規模なの

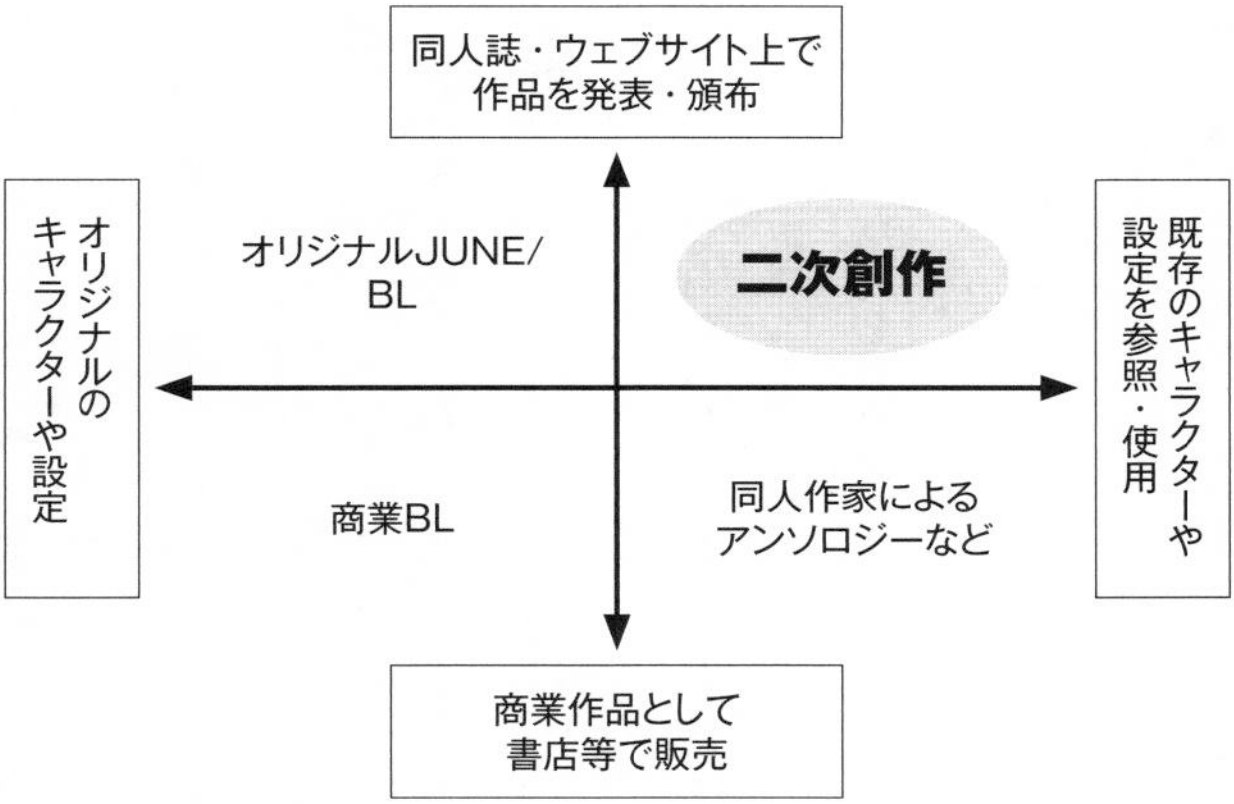

図6　男性同士の恋愛を描いたマンガや小説の流通と設定による分類

です。

近年、二次創作を好む腐女子たちはインターネット上での活動が増加していることもあり、その愛好者数を正確に把握することは非常に難しくなっています。日本最大の同人誌即売会であるコミックマーケット（通称コミケ）を例に推計してみましょう。コミケ主催団体による三五周年調査の資料によれば、「コミックマーケット78」（二〇一〇年八月開催、三日間）の参加者数は約五六万人、そのうち同人誌等を求めて訪れた一般参加者の約三六パーセントが女性でした。いっぽう、自作の同人誌などを頒布した約三万五〇〇〇組のサークルの代表者のうち約六五パーセントが女性で、一般参加者とサークル代表者では男女比が逆転しています。コミケは一般的なイメージよりも女性が多いイベントなのです。この一回のコミケで頒布された同人誌は約九二五万冊であり、膨大な量の同人誌を介して巨大なコミュニティが形成されていることがわかります。

ポピュラーカルチャーの研究をしている社会学の東園子《あずまそのこ》先生の調査では、コミケにおいて女性が頒布している同人誌のなかで、男性同士の恋愛物語を描いた二次創作が占める割合は七～八割ではないかと推測しています。このことから、一万七〇〇〇組くらいのサークルが男性同士の恋愛物語を描いた二次創作を頒布し、参加者のうちおよそ一五万人程度は、それを求めて集まった腐女子ではないかと考えられます。同人誌全般の市場規模は七五七億円（二〇一五年資料）であり、そこに含まれる男性同士の恋愛物語を描いた二次創作の市場も、商業ベースのBL市場と同様に数百億円規模と推計できます。

個人が創作した作品（マンガ・小説・イラストなど）を投稿して交流できるウェブサイト「pixiv」（二〇〇七年サービス開始）の登録ユーザー数は国内外含めて七一〇〇万人、これまでに投稿された総作品数は一億点以上、月間の作品閲覧数は四五億、一日に新しく投稿される作品数は二万点です（二〇二一年九月時点）。ここでも少なくとも数百万人の女性たちが、男性同士の恋愛物語を描いた二次創作を発表したり読んだりして、交流を楽しんでいると推測されます。

腐女子のプロジェクション・メカニズム

先ほど二次創作の説明で、「マンガやアニメなどの既存の作品で描かれるキャラクターや設定を使用して、独自の物語を作りだすパロディのような生成物」としました。本章における「腐女子の二次創作」とはそのような二次創作の一部に含まれる、既存作品のキャラクターや設定を使用して「男性同士の恋愛作品としたもの」を指します。そして、二次創作作品にいたるまでの「構想としての空想」を「腐女子の妄想」とします。

ではさっそく、妄想の実例もあげながら、腐女子のプロジェクションを見ていきます。よく知られている幼児向けアニメ『それいけ！アンパンマン』を素材に、プロジェクションにおける「異投射」としての腐女子の妄想、「虚投射」としての腐女子の二次創作を分析してみましょう。

作中に登場する男性A（アンパンマン）とそのライバルである男性B（ばいきんまん）のアニメを熱心に視聴する行為は、投射元であるソースが実在の対象（ライバルであるAとB）であり、投射先であるターゲット（ライバルであるAとB）もソースと同じ対象なので、通常の投射です（図7a）。ところが、二次創作を好む腐女子は熱心に視聴しているうちに、ある違和感を抱き

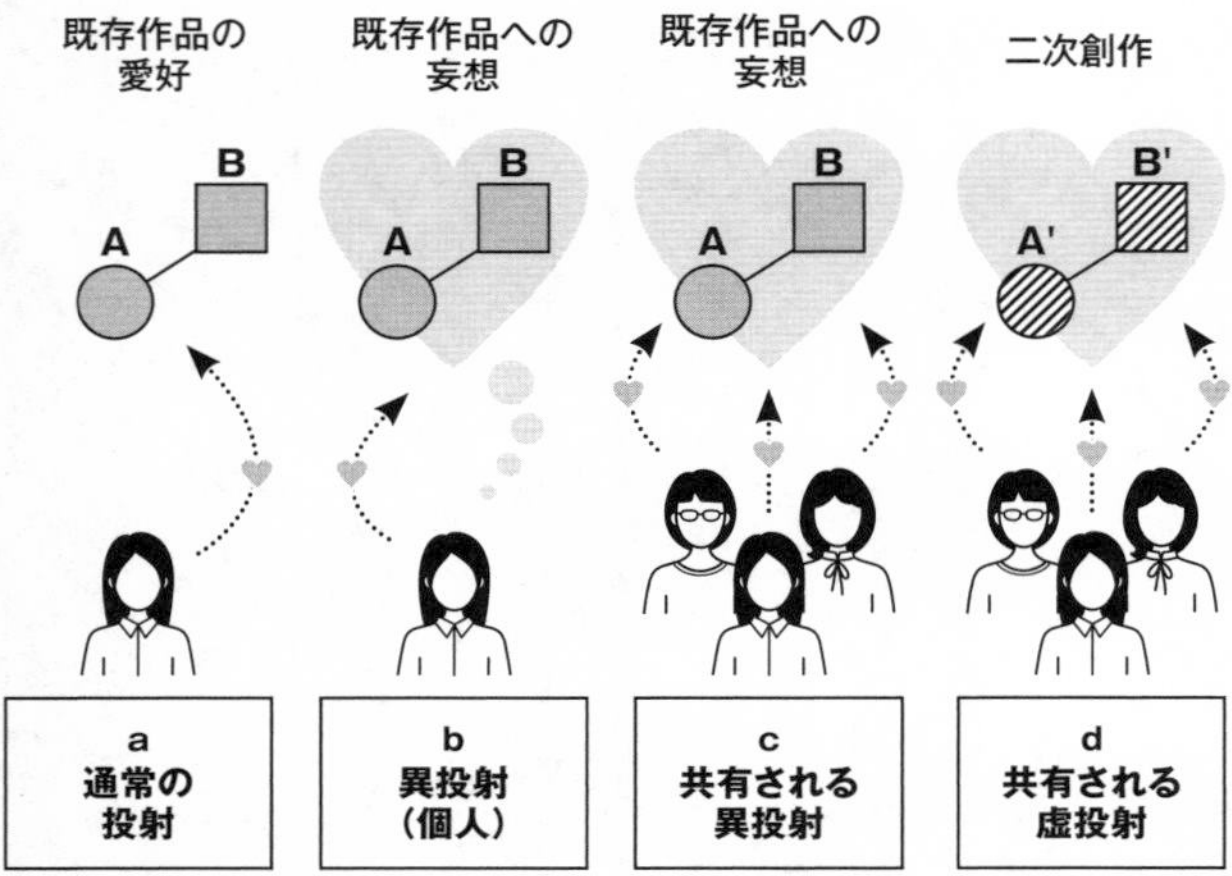

図7　腐女子におけるプロジェクションとその遷移

ます。ここから、妄想がはじまります。

以下、プロジェクションのメカニズムを考えるために、腐女子によってなされる妄想について順を追ってみていきましょう。書体を変えている部分は、妄想のプロセスを説明するために用意した「腐女子の妄想の具体的な内容」（筆者作成）です。

①既存の設定に不自然な点や余白を見いだし、違和感や疑問を抱くことで妄想のきっかけにする

ばいきんまんはなぜ、いつもアンパンマンがパトロールしているところで悪いことをするのだろう？　こんなに長いあいだやりあっているのならアンパンマンの行動範囲などとっくにわかっているだろうに。

そもそもばいきんまんは、いまアンパンマンがどうしているのかをモニターする技術だって持っているのに（ばいきんまんが仕込んだいたずらによってアンパンマンが困っている様子を自宅のバイキン城で見ていたりする）、とても不自然ではないか。これは自分からわざわざ見つかるようにしているとしか考えられない。

そして、アンパンマンに見つかるたびに強烈なパンチやキックを受けてボロ負けするのに、なぜまったく懲りもせず、何度でも同じことをするのか？


ちなみに、これは多くの人が抱く疑問であるらしく、アニメの公式ホームページのＱ＆Ａに、このような質問があります。「ばいきんまんはいつも負けるのに、どうしてアンパンマンと戦うの？」。それに対する答えは「ばいきんまんは、アンパンマンをやっつけることが生きがいなので、何度やられても、またアンパンマンと戦おうとします。それに、とっても立ち直りが早いので、やられても平気なのです」とあります。

さて、自分の中で膨らんだ疑問を説明できる答えを見つけたいと思った腐女子は、自分が好む男性同士の恋愛関係にあてはめてみることを思いつきます。

②疑問に対する答えの仮説として、恋愛関係にあてはめる

なるほど！　ばいきんまんにとってアンパンマンは生きがいなのか。

生きがい……そのために生きる喜びがあり、それなくして生きる意味はない……

それって、つまり愛なのでは？

ばいきんまんは、アンパンマンを深く愛しているのではないか？

そして腐女子は、男性同士の恋愛関係を前提として、自分が抱いた疑問についてうまく説明がつくような理由を一生懸命考えます。

③推論によって疑問の解消を試みる

そうか。アンパンマンがいつもすぐにばいきんまんの悪さを見つけるのは、ばいきんまんが見つかるようにしているからだ。そうならばすべては納得がいく。ばいきんまんはアンパンマンに見つけてほしいのだ。しょくぱんまんやメロンパンナちゃんではなく、アンパンマンに。

ばいきんまんが実は高度な技術を持っているにもかかわらず（バイキン城はじめさまざまな高

性能な道具は、すべてばいきんまんによる製作）、いつもやられているのはアンパンマンにずっと相手をしてもらいたいためで、本気でアンパンマンをやっつける気などないのだ。

つまり、ばいきんまんはいつだって、アンパンマンに振り向いてかまってほしくてしかたがない、一途《いちず》で健気《けなげ》な片思いをしているというわけだ。

説明に説得力がなければ、疑問へのしっかりした答えにはなりません。ただの妄想をただの妄想にしないために腐女子は、作品のあらゆる部分を参照して、合理的な説明の材料として利用します。

④妄想内容の合理的な説明に、既存の設定を伏線として利用する

しかし、主題歌でも歌われているように愛と勇気がともだちのアンパンマンが、ばいきんまんの強い愛の気持ちがわからないということがあるだろうか？　寄せられる愛がわからないなら、愛と勇気だけがともだちさ、などと声高に歌っていられないはずだ。

そもそもアンパンマンはよく気が回るタイプだから、ばいきんまんの片思いに全然気がつかないような鈍い男ではない。そうか……アンパンマンはわかっているのだ！　ばいきんまんの

気持ちがわかっていながら、素知らぬふりで長年つきあっている。

……アンパンマン、なんておそろしいやつなの！　ばいきんまんはずっとアンパンマンの掌《てのひら》の上で転がされているわけね。つまりアンパンマンこそ、密かにばいきんまんを愛しているということか。

いつも正しいアンパンマンの秘めたる一面がそこにあるのかもしれない。そうか、正義の味方なんて本当は孤独だから……だって、主題歌にあるように「愛と勇気だけがともだち」なんだよ？　アンパンマンにとって、ばいきんまんは数少ないこころ許せる存在なのかもしれない。

それは、やっぱり愛だよね。それにしても、これまでアンパンマンって正論ばかりのいけすかないやつとしか思っていなかったけど、こうしてみると急に好きになってきた……。

このようにして、最初に抱いた疑問について、男性同士の恋愛を前提とした合理的な説明によって、納得のいく答えが導きだされました。しかし、これで終わりではありません。さらに次の疑問に向かうのです。

⑤最初の疑問の解消・妄想の合理的説明を経て、次の疑問を見いだす

え、でも、ばいきんまんはドキンちゃんが好きなんでしょうって？　それは、ない！

だって、ばいきんまんがドキンちゃんにする応対はいつでも、なにか命令されてそれに応えているだけなんだから、そこに愛はない。

むしろ気になるのは、なぜ、ばいきんまんはそんなにドキンちゃんに絶対服従なのかということ。ばいきんまんはドキンちゃんによほど重大な弱みを握られているとしか考えられない。

それはきっと一途な片思い、アンパンマンへの愛に関係するなにかに違いない。それっていったい、なんだろうか……？


この妄想におけるアンパンマンとばいきんまんの例は、ソースは実在の対象（ライバルであるAとB）ですが、ターゲットがソースとは異なる対象（恋愛関係にあるAとB）なので、異投射といえます（図7b）。

ここで重要なのは、そのような個人の妄想であるプロジェクションが多数の愛好者（腐女子のコミュニティ）によって広く共有されることです（図7c）。この妄想がもとになり生まれる物語が、「二次創作（マンガ・小説・イラストなど）」なのです。

つまり、ここで私が例として作成した「ばいきんまんはアンパンマンに片思いをしておりいつもかまってほしがっている。一方でアンパンマンはそんなばいきんまんの気持ちを知りながら素知らぬふりをして弄んでいる」というような内容の妄想を、マンガや小説やイラストとして作品にすると、それが二次創作です。

二次創作のアンパンマンらは、アニメの二頭身のキャラクターではなく、アンパンマンらの特徴を要所に残した（たとえば、茶髪で赤い服で黄色いベルトなど）イケメン風に描かれることもよく見られます。もちろん、実際のアニメでは、アンパンマンとばいきんまんは恋愛関係にはありません。二次創作の作品として、新たな（イケメン風の）アンパンマンとばいきんまんが作りだされているのです。

腐女子のコミュニティで共有された異投射（ライバルであり恋愛関係にあるAとB）は、ソースに実在はなくとも（もはや既存のアニメ作品中のAとBではなく、それとかぎりなく似ている別のものであるA′とB′として）虚投射を引き起こします（図7d）。そして、二次創作というプロジェクションもまた多数の愛好者（腐女子のコミュニティ）によって共有されることになります。

最善の説明をする「アブダクション」

腐女子は、既存の設定に不自然な点や余白を見いだし、疑問を抱くことで妄想のきっかけにします。この疑問は、腐女子でなくとも抱くことがありますが、腐女子は、疑問に対する答えの仮説として男性同士の恋愛関係にあてはめ、推論によって疑問の解消を試みます。つまり、腐女子の妄想（異投射）と二次創作（虚投射）は「アブダクション（仮説形成／仮説的推論）」によってなされていると考えられるのです。

アブダクションとは、これまでにわかっている事項だけでは説明のつかない問題について、ある仮説を立てて考えることで新たな結論を導きだす推論法です。非演繹《えんえき》的な推論のひとつであるアブダクションは「最善の説明への推論」とも呼ばれています。

アンパンマンの例であれば、

①これまでにわかっている事項だけでは説明がつかない問題があり（なぜ、ばいきんまんは懲りもせずに、アンパンマンがパトロールしている領域でいたずらをして、毎回必ずアンパンマンにやっつけられるのか？）、

②ある仮説を立てれば（アンパンマンとばいきんまんは、実は恋愛関係にある）、

③うまく説明ができる（ばいきんまんはアンパンマンにかまってほしいから、いつもわざとアンパンマンの目につくところでいたずらをしている）。

というアブダクションです。

たとえば、コナン・ドイルの小説『シャーロック・ホームズ』のシリーズで、ホームズがよく披露していることもアブダクションです。『緋色《ひいろ》の研究』で、ホームズがワトスンと初対面であるにもかかわらず、ワトスンがアフガニスタン帰りであることを言い当ててみせたことなどがそれにあたります。ホームズは、ワトスンを見て観察できるさまざまな事柄（医者風、軍人タイプ、日焼けしている、かなり負傷している、など）から「この男は最近まで、英国陸軍の軍医として、戦地であるアフガニスタンにいた」という仮説を立てて、観察できた事柄をうまく説明してみせたわけです。はたして仮説は事実であったため、ワトスンはとても驚きました。

推論法には、「帰納的推論」「演繹的推論」もありますが、アブダクションはそれらとは異なります。帰納的推論とは、さまざまな事象から共通の出来事を見つけて、それを一般的な法則とする推論法です。演繹的推論とは、ある事象について前提の命題から論理的に正しい推論を重ねて結論を導きだす推論法です。アブダクションは非演繹的な推論のひとつですが、観察した事象とは違ったなにかを仮定することで見えないものを推論する点が、帰納的推論とは違うところです。

もとの作品ではまったく想定されていない男性同士の恋愛関係を、説得力のある推論で説明しようとする腐女子の妄想と二次創作は、まさにアブダクションそのものといえます。アブダクションによる推論は、結論の正しさを保証しません。代わりに、前提に含まれていない情報量は増えます。新しいことを呈示できる推論であるともいえます。

あるひとりの腐女子のアブダクションによって増加した情報は、腐女子のコミュニティにおいて披露されたとたん、新たな推論の材料となります。コミュニティにいる多くの人々から次々に披露される情報によって、コミュニティ全体で推論は活性化され、どんどん深化します。そこからまた、新たな妄想や二次創作が生まれるのです。

人気マンガ家であり、かつ二次創作の作者でもあり読者でもあるよしながふみさんは、同人誌を「学説発表の場」と表現しています。腐女子の妄想をどれだけ説得力のある物語（作品）として示すことができるか、それについて他者からどれだけの共感が得られるのかが、二次創作のおもしろさであると言っています。二次創作では、既存の作品の中にある数々のエピソードや公式になされている設定をうまく活《い》かしながら、自分が勝手に妄想した内容と既存作品との整合性をつけていきます。描かれていない空白部分を無理なくつなぎあわせて精緻な物語として作品化されたもの、それが説得力のある二次創作なのです。

腐女子のコミュニティでは、見いだされた疑問に対するアブダクション（最善の説明への推論）をプロジェクションとして披露しあっているといえるでしょう。同好の士が集うコミュニティにおいて、解釈や嗜好《しこう》、流行などを含め「最善の」説明であると認められたもの（このばあい「最善」はひとつとはかぎりません）は他者の支持を受け、個人の妄想でありながら多数の共感を得ることになるのです。

スピンオフ作品が成り立つには

プロジェクションのメカニズムを探るために腐女子の二次創作をとりあげましたが、先に述べたように、腐女子の二次創作は、プロジェクションの極端な例であって、決して特殊な例ではありません。どのようなテーマであれ、既存の物語から派生作品を作りだすメカニズムに大きな違いはないのです。

たとえば、原作で描かれていない空白の一日があったとして、自分の「推し」はその日いったいなにをしていたのか？　原作には自分の「推し」の過去がいっさい描かれていないけれど、このキャラクターはいったいどんな人生を歩んできたのか？　熱愛するあまり気になりすぎて思わず物語を生成することもあるでしょう。その生成過程にもアブダクションによるプロジェクションがあります。

これまでにわかっている事項だけでは説明のつかない問題について（描かれていない空白の一日や過去）、ある仮説を立てて考えていく（前日と翌日があのような状況なのだから、きっとこんな一日をすごしたに違いない／現在このような状態にあるのだから、きっとこんな過去があるに違いない）、というプロセスはアンパンマンの例と同じものです。

あるいは、「推し」の世界全体が別の時空に置き換わったとしたら、いったいどんな物語になるのだろう？　日本中に大ブームを巻き起こした、吾峠呼世晴《ごとうげこよはる》さんの少年マンガ『鬼滅《きめつ》の刃《やいば》』には、『キメツ学園！』という公式スピンオフマンガがあります。大正時代を舞台にした原作マンガの登場人物たちがそのままのキャラクターで、現代の学校で先生や生徒として日常を送っている、という設定です。

これも、これまでにわかっている事項だけでは説明のつかない問題について（原作とはまったく異なる世界設定になったら）、ある仮説を立てて考えていく（このキャラクターたちはこんなふうに生きているに違いない）、というアブダクションがなされています。別の世界として新たに作りだされた物語であっても、このキャラクターはこんなことはしない、と読者に思われたらプロジェクションの共有はできません。原作であのような行動をとったキャラクターなら、現代の学校でこんなことをするだろうという、プロジェクションが共有されてこそスピンオフ作品は成り立ちます。

二次創作は、原作をそのまま受けとるだけの読者には決して見えてこない物語です。これまでは見えていなかった「余白」に物語を見いだした人がそれを二次創作として投射し、それを見た人がまた自分の内的世界にある原作のイメージを投射することで、ないはずの物語がいきいきと動きだします。このような二次創作の隆盛を支えているのは、ファンやコミュニティがみんなで共有しているプロジェクションなのです。

余白と解釈を愉《たの》しむコミュニティ

目の前にある作品の「余白」を愉しむ、ということは、さまざまな芸術鑑賞で見られます。たとえば、枯山水や俳句、能などは、そこに「描かれていないもの」を味わいます。チンパンジーに輪郭だけの似顔絵を与えてみると、彼らはなぐりがきをするか、その輪郭線をなぞるだけですが、ヒトの子どもは三歳でもそこに描かれていない目や口を描き入れます。人間はそこにないものに想いを馳《は》せることができるのです。

絵画にしても小説にしても、描かれるものと描かれないものは図と地のような関係です。見る人によって浮かびあがるものは違います。芥川賞の選考委員でもある作家の島田雅彦さんは、夏目漱石の『こころ』をとりあげ、学校で学ぶような一方的な解釈の負の面を指摘して、文学に対して「疑問を抱き自由に誤読する」ことをすすめています。例として「先生はKのことが本当は好きだったから、Kからお嬢さんを好きだと聞かされてショックを受けた」というような解釈が「創造的誤読」であるとしています。

これは腐女子の妄想とまったく同じものでしょう。腐女子の妄想や二次創作が既存の作品に対する「創造的誤読」という解釈なのであれば、そこには読者の数だけ多様性が生まれます。BL文化や同人誌の研究をしている社会学者の金田淳子さんは、現在の同人誌市場の活況の要因として、雑多で一貫性のない解釈の多様性を知ること、それによってさらに自分の解釈が深化していくことが含まれていると指摘しています。

つまり、腐女子の二次創作とは、解釈を介したコミュニティとしての共同行為でもあるのです。腐女子のアブダクションが作品解釈の一環であり、妄想や二次創作は解釈の投射であるとすれば、腐女子のコミュニティでおこなわれていることは、まさにプロジェクションとその共有であると考えられます。

空想における自己の不在と俯瞰《ふかん》

既存のキャラクターや設定などを利用して空想を楽しむのは、なにも腐女子だけではありません。誰しもが多かれ少なかれ勝手な空想をしたことがあるのではないでしょうか。腐女子の妄想がほかの空想とは異なる特徴をはっきりさせるために、既存のキャラクターや設定などを利用したほかの空想事象と比較してみましょう（表1）。

比較する空想事象は次の三つです。

①腐女子の妄想

②自分自身が登場する願望的空想（たとえば、ある男子高校生自身が「女性教師から自分だけ放課後の誰もいない教室に呼びだされ、特別な好意を告白されて親密な間柄になる」、などと想像して楽しむばあい）

③物語世界に入りこむ代理的な擬似体験としての空想（たとえば、ファンタジー冒険小説を読んで自分が世界を救う主人公になりきった仮想状態に没入するばあい）

表1　3種の空想事象の比較

	関係性や背景の読み替え	自分自身の登場
① 腐女子の妄想	**あり**	**なし**
② 願望的空想	**あり**	**あり**
③ 擬似体験	**なし**	**あり**

①腐女子の妄想は、これまでに見てきたように、既存作品の中で公式にあきらかになっている事柄を数多く参照しながら空想を展開します。そして、利用している既存のキャラクターや設定について、既存の作品では描かれていない部分や事実として実在しない場面を独自に空想したり、キャラクター同士の関係性や設定の背景について独自に読み替えをおこなったりします。

腐女子の妄想のほとんどには、空想している世界において自分自身はまったく存在しません。腐女子が既存の作品を独自に読み替えている時点で、そこになんらかの自分自身の嗜好や欲求が反映されていると考えられますが、妄想のなかで主体となる自分自身が不在であることはとても重要です。

一方で、②自分自身が登場する願望的空想（男子高校生が女性教師に抱くような妄想など）も、空想内容に既存のキャラクターや設定などを利用しています。事実としては特別に親密ではない生徒と教師であったとしても、既存のキャラクターや事実として実在しない場面を独自に空想して（「先生から自分だけ放課後に誰もいない教室に呼びだされる」など）、キャラクターと自分の関係性などを読み替えて独自の設定をしていることになります（「自分だけ先生から特別な好意を寄せられる」など）。

しかし、このような願望的空想が、腐女子の妄想と大きく異なるのは、空想内容に主体として自分自身が登場する点です。空想をしている自分自身もその世界に存在し、自分／相手／三人称の視点などで空想が展開されます。腐女子の妄想には、空想している世界において自分自身はまったく存在しないことと比較すると、この差異は特徴的です。

先に述べたように、腐女子の妄想には自分自身のなんらかの嗜好や欲求が含まれていますが、それが反映されるところに自分自身は不要なのです。むしろ存在してはいけないとすら思っています。腐女子が自分の空想を自ら「妄想」と呼ぶことは、既存作品（現実）からの乖離を自認しているとともに、彼女たちが空想における欲求と反映のズレを客観視しているからかもしれません。

また、③小説やマンガを読んで自分がその中の登場人物になったかのように没入する代理的な擬似体験は、物語内の人物の視点で世界を想像的に体験する現象と考えられます。それは、願望的空想と同様に自分を代理とした存在が主体として動く点が、腐女子の妄想とは異なります。既存のキャラクターや設定は利用するので異投射はなされていると考えられますが、既存のキャラクターや設定の読み替えはおこなわれない点で、腐女子の妄想や願望的空想と異なっています。

腐女子による二次創作は、多くの人たち（腐女子）によって共有されます。たったひとつのアニメ作品から、一〇万点（これは冊数ではなく種類）もの二次創作がなされた例もあります。二次創作の生成と共有を容易にしているのは、それが読者にとって既知のキャラクターを用いているためです。読者たちはそのキャラクターの表象をすでに共有しているからこそ、瞬時にたくさんの人の共感を得ることが可能となるのです。

しかしながら、個人の妄想が多数の他者に共有される理由は、それだけではありません。発達心理学のポール・ブルーム先生は、物語における「想像の喜び」として、登場人物と自分自身の両方の目線から同時に状況を把握できることを指摘し、そこに共感が働く仕組みを見いだしています。

ほかの空想事象との比較からわかるように、腐女子の妄想や二次創作の特徴は、願望（自分が好ましい読み替えをおこなっている）や没入（読み替えをおこなうくらい熱心に向きあう）を含みながらも、自身はその妄想に不在であることです。妄想や物語は、それを空想する自分自身から離れて、特定の主体によらない俯瞰的な視点を持つことになります。

つまり、発端はひとりの腐女子の妄想であっても、それはコミュニティのなかで匿名性を持ち、多くの共感や支持が集まればコミュニティとしての妄想となります。それゆえに、腐女子の妄想や二次創作という異投射・虚投射は、男子高校生が女性教師に抱くような異投射・虚投射や、自分が物語の登場人物になったかのような異投射・虚投射などとは異なり、不特定多数の他者と共有することが可能になると考えられます。

例外的に、自分自身が登場する願望的空想の二次創作として「夢小説《ゆめしょうせつ》」と呼ばれるジャンルがあります（このジャンルを愛好する女性たちは「夢女子《ゆめじょし》」と呼ばれます）。芸能人やアニメのキャラクターなどを対象に願望的空想が展開される作品のなかで、ある特定の登場人物に読者が自分自身の名前などを自由に入力できるようにした二次創作がそれにあたります（たとえば、アニメのキャラクターであるCが読者自身の名前がついたヒロインとひょんなことから出会って特別な好意を寄せてくる、といった小説など）。

このばあい、テキストを読む時に、ある特定の登場人物をすべてその名前で表記させるという操作が必要になります。そのため、CGIやJavaScriptを使った「名前変換機能」などが可能なウェブサイト上で閲覧する作品として作成されて発表されるものが多く見られます。これは先ほどの例で考えてみると、②の自分自身が登場する願望的空想のフォーマットが、不特定多数に汎用できるシステムであるといえるでしょう。

プロジェクションで変わる、世界の意味

創作するわけではないけれど、すでにある作品から新たなものを生みだすということでは、「推し」のイメージソングを見つける、という行動もプロジェクションの働きそのものです。「推し」のイメージソングを見つけるというのは、これまで何気なく耳にしていた歌について、あるとき「この歌は○○（推し）について歌っているのでは？」というアブダクションをして聴きなおしてみると、まさに自分の「推し」について歌ってくれているとしか思えない！というような現象のことです。同じ歌が、これまでとは違う意味を持って立ちあがってくるのは、聴く主体の投射が変化したからにほかなりません。

たとえば、シンガーソングライターである米津玄師《よねづけんし》さんの『Lemon』が大ヒットしていた時、私はいい歌だなとは思いましたがそれ以上の感想は特にありませんでした。ある時「米津

玄師のLemonはどんなBLカップルにもハマる鉄板ソング」というようなツイートを目にして、半信半疑で実験をしてみました。自分自身が思いつくBLカップルにあてはめて『Lemon』を聴いてみたのです。そうしたら驚くべきことに、私は泣いてしまうほど感動しました。これまでそれほどこころに刺さっていなかった歌が、自分の投射ひとつでこんなにも意味を持ってこころを揺さぶってくるのだと実感した体験でした。

これはもちろん「推し」だけにかぎりません。なにか自分にとって大きな体験をした後で、ある音楽を聴いた時、ある絵を見た時、ある物語を読んだ時、これまでは感じなかった意味を見いだすことがあるでしょう。そこには投射の変化が作用しています。自分をとりまく世界が物理的には同じであっても、彩られる意味はプロジェクションで新たに変わるのです。そして、新たな世界から自分が受けとるものもまた変わっていきます。

エージェントを介した情報の重ね描き

腐女子の妄想と二次創作を通じてプロジェクションについて考えてみると、プロジェクションのある重要な側面が見えてきます。それは、プロジェクションは他者と共有できる「エージェント」でもあるということです。自分以外の他者とプロジェクションを共有することで、対

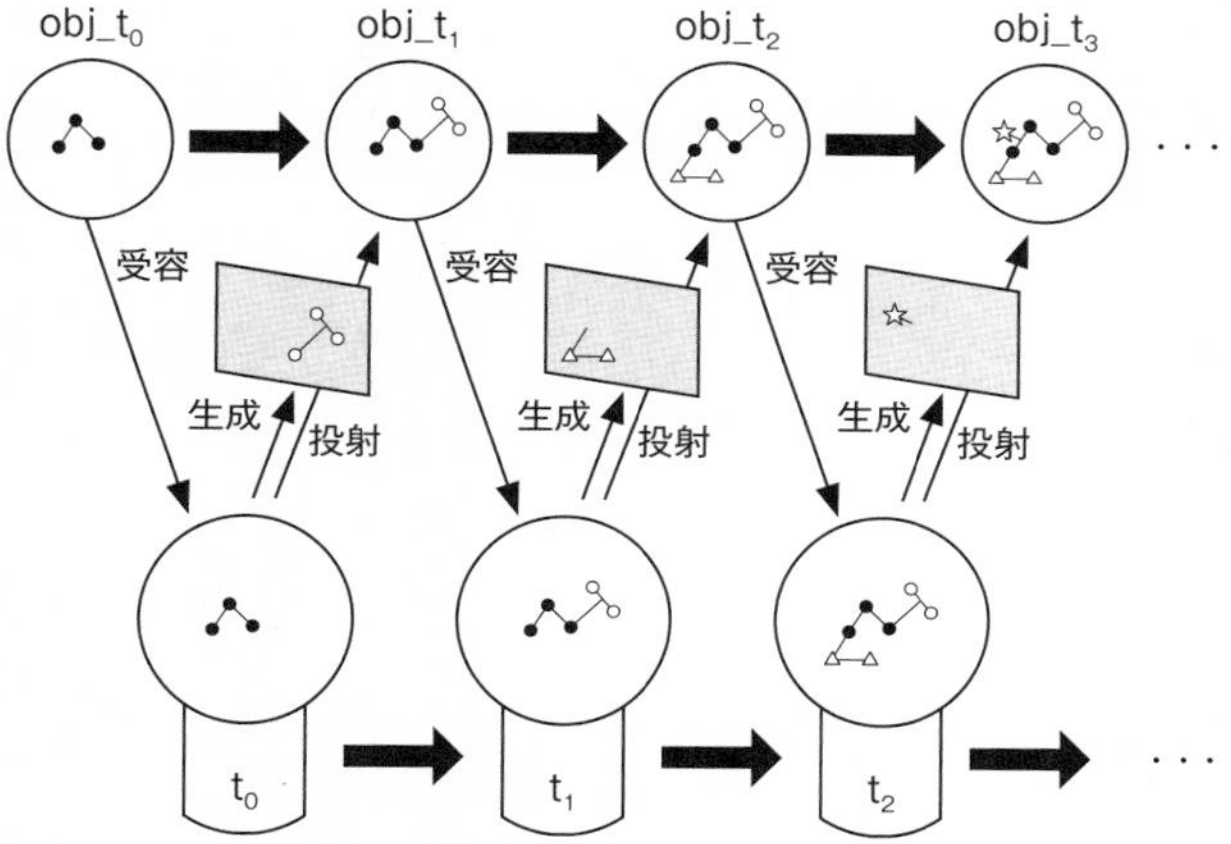

フィルタの漸次的更新による認識の変容（鈴木（2019）より）

図8　プロジェクションの重ね描きの例

象に自分が情報を加えていくだけでなく他者からも情報が重ね描きされることが可能になるのです（図8）。

先ほど示した六四ページの図で考えてみましょう。ある個人（主体）がアブダクションによって情報を増加させた妄想（エージェント：図7b、大ハートとその内部の丸や四角）がコミュニティで呈示されます。それを見た別の人間が共感すると、今度は彼らが同じエージェントに対して彼らのプロジェクション（図7c、複数の人物と曲線矢印と小ハート）をおこないます。多くの他者が同じエージェントにプロジェクションをすることで、さらに情報は重ね描きされ豊富になります。

そして、豊富な情報はもっと多くの人に強い波及効果をもたらします。その結果、あるエージェントを共有するコミュニティの構成人数は指数関数的に増加していくのです。

共有されるエージェントとしてのプロジェクションは、インターネット百科事典である『ウィキペディア』にたとえられるのかもしれません。ウィキペディアは、コピーレフトなライセンスのもと、サイトにアクセス可能な誰もが無料で自由に編集に参加できます。記事が誰でも編集ができる状態にあれば、間違いに気づいた者が訂正し、また不足している部分を書き加えることもできるのです。そのようにして多くの参加者によって重ね書きされ編集された豊富な情報は、さらに多くのアクセスをうながすでしょう。

腐女子の妄想と二次創作をめぐって生まれるムーブメントもウィキペディアと同じメカニズムであると考えられます。二次創作は、原作からすればありえないような設定の「妄想」であることも多いです。しかし、妄想でありながら多くの人々から支持され、さまざまな作品ジャンルで「王道」や「メジャー」といわれるような設定が存在します。そのようなムーブメントを引き起こすには、多くの人に共有されるプロジェクションがあり、そこで不特定多数の参加者による重ね描きが盛んにおこなわれることが不可欠なのです。

二次創作は科学理論の醸成と似ている

腐女子の二次創作に見られるような情報の重ね描きの過程とよく似た例に「研究活動」があります。研究者（主体）がある魅力的な仮説（エージェント）を見いだして呈示したら、それに関心を持ったほかの研究者たちがそれぞれのやり方で検証をおこないます。その結果は誰もが見られるように公表されることで広く共有されます。すると、さらに新たな検証方法が生まれたり、仮説（エージェント）の修正やバージョンアップがなされたり、あるいは別の仮説（エージェント）がだされるなどして、その領域の研究が発展していきます。

「仮説／理論」および「検証」という科学研究の枠組みに照らしてみると、二次創作に科学的な検証作業はありません。しかし、科学研究において仮説や理論が徐々に認められ支持されていく過程との共通点はたくさんあります。二次創作と研究活動に共通性があるのは、先に述べたように、現象の解釈や原因究明にアブダクションがおこなわれているからでしょう。アブダクションの過程や結果が、二次創作や科学の仮説／理論としてプロジェクションされていると考えられます。

二〇〇八年にノーベル物理学賞を受賞した「小林・益川《ますかわ》理論」を例に見ていきましょう。小林・益川理論は、「クォークは三つ」と考えられていた時代に「クォークは六つ」と予想し、三世代（六つ）のクォークを導入することでCP対称性の破れを自然に説明できることを示しました。

これまでにわかっている事項だけでは説明がつかない問題（CP対称性の破れを自然に説明する）について、ある仮説（クォークは六つある）を立てればうまく説明ができる、というアブダクションです。現実にはまだ実体としてはとらえられていないクォークを用いて説明した理論は、プロジェクションの虚投射（ソースに実在はなくターゲットが想像上の対象）といえます。

小林・益川理論は、理論物理学の小林誠先生と益川敏英《としひで》先生によって一九七三年に発表されました。わずか六ページの論文の最終部分にある2＋2＋2という数式とそれに続く三行三列の行列が、それにあたります。にわかには信じられないような突飛な理論であり、発表当時の反応は活発ではありませんでした。

たしかに、現実としてクォークは三つしかないのに、六つあると考えるのは非現実的である、とほかの研究者たちが思うのはおかしくありません。小林先生自身も、「（一九六〇年代の素粒子理論は）ほかの分野からは、まともな研究者とは思われていなかった」「自分たちとしてはちょっとおもしろい論文だとは思っていました」「（論文への反応は）否定的ではないけど、反響もあまりありませんでした」と語っています。

学術論文の波及効果は、ほかの研究者によって書かれた論文にどれだけ引用されたかでわかります。一九七三年発表の小林・益川論文がほかの研究者によって引用された回数は、一九七三年はゼロ回、一九七四年に一回、一九七五年は四回だったそうです。ところが、一九七六年になると論文は爆発的に引用されるようになります。理論物理学の東島清《ひがしじまきよし》先生によると、一九七四年に四番目のクォークが発見されており（一九七六年ノーベル物理学賞受賞）、一九七六年頃にはクォークが六個あっても誰も不思議に思わなくなっていたそうです。小林先生自身は「一九七五年にタウ粒子が見つかり（一九九五年ノーベル物理学賞受賞）、六個の可能性がでてきて（小林・益川論文を）思いだしてくれた人もいたようだ」と語っています。

あまりに現実性がないために、発表当時は共有されにくかった小林・益川理論という虚投射。しかし、数年をかけて、理論のとおりに実体をともなった発見がなされていきます。たしかな材料が情報として増えていくにつれて、理論の説得力は強くなっていったのです。最初は荒唐無稽な虚投射であった小林・益川理論が、次第に多くの研究者から支持されていくのはとても興味深い過程です。小林・益川理論の六番目のクォーク生成の証拠が見つかったのは一九九四年、生成が確認されたのは一九九五年のことでした。

つまり、理論の発表から実に二〇年以上にわたって、多くの研究者と巨額の費用を投じた実験装置を持つ研究機関が、小林・益川理論というひとつの虚投射を共有していたことになるのです。

腐女子の妄想や二次創作は、誰にでもすぐに受け入れてもらえるようなものではありません。原作からは考えられないような突飛な解釈であり説明です。けれども、その妄想（異投射）や二次創作（虚投射）に説得力があればどうでしょう。多くの人の共感を呼び、プロジェクションが他者と共有され、新しい物語が派生するのです。そして、コミケや二次創作のウェブサイトなどにおいて一大ジャンルを形成するムーブメントに発展します。

プロジェクションの共有におけるコミュニティの役割

そもそもなぜ小林先生と益川先生は、誰も考えないような（あるいは、あまりに現実的でないために共感されにくいような）理論を思いついたのでしょうか。東島先生によれば、小林先生は「名古屋には（クォークは）四種類あったんだよ」と答えたそうです。

この点については、小林先生と益川先生が学んだ名古屋大学物理学教室の坂田昌一《しょういち》研究室周辺のコミュニティの影響が強いと考えられます。湯川秀樹先生や朝永《ともなが》振一郎先生と並び称される素粒子論のパイオニアであった坂田先生は、教授の独裁制を排した民主的な教室制度で研究室を運営していました。「議論は自由に、研究室では平等」が教えだったそうです。坂田先生に師事した研究者たちは後年、「若さに任せて勝手なことを言っても本気で受け止めてもらえる教室の雰囲気は忘れられない」と回想しています。

小林・益川理論の発表以前、一九七一年に素粒子物理学の丹生《にう》潔《きよし》先生が見つけた新現象が、小林先生と益川先生らのコミュニティでは四番目のクォークの証拠だと考えられていました。たった一例しかないデータであったがゆえに、丹生先生の発見した新現象は世界から無視されましたが、名古屋大学の自由闊達《かったつ》な研究室で共有されていた「クォークは四つある」という認識が小林先生と益川先生の問題発見を助けたのではないか、と小林先生の話を聞いた東島先生は推測しています。

まったく新しいアイディアの醸成と理論の完成について、小林先生は「CPの問題をゲージ理論の枠組みの中で考えていくと、クォークが四個では足りないということになった。基本的な枠組みができれば、あとはロジックを詰めていくだけ」と語っています。また、益川先生はノーベル賞の受賞記念講演において「四種類のクォークモデルであらゆる可能性を考えたがうまくいかない。四元クォークモデルではCP対称性の破れの実験は説明できない、というできの悪い論文を書こうと決心したところで、四元へのこだわりがなくなり、その瞬間に六種類のクォークモデルでいけばよいと気付いた」と述べています。

これらのことから小林先生も益川先生も、理論の醸成当時すでにクォークは四つあるという前提であったことがよくわかります。小林・益川論文の引用回数からもあきらかですが、現実に新たなクォークが発見されるたびに、理論の現実性と説得力は強くなっています。多くの人がクォークは三個だと考えていた当時、現在クォークは四個だという小林先生と益川先生らのコミュニティでの認識は、彼らの理論の現実性を高める要因になったことでしょう。

理論が不特定多数から広く支持される前の段階に注目してみます。考えを同じくする比較的小さな集団のなかでアイディアが醸成され、共有された理論（虚投射）が独自の考え方で洗練されていく過程は重要です。小林先生は「（当時の情報としては）今に比べれば、隔離されていた。（中略）でも、隔離されているメリットもあった、つまり独自の考えが育つ時間があったという気がします」と語っています。

実体のない理論、ソースのない投射が個人の表象を超えて現実世界で他者と共有されるには、虚像でありながら実感できる現実性と、多様な価値観のなかでも失われない説得力が必要です。まずは、考えを同じくする、ある程度閉じたコミュニティでアイディアを披露してたがいの重ね描きによる修正をしていくことが有効なのでしょう。それが、理論や投射の独自性を保ちながら現実性と説得力を高めるために重要なプロセスとなっているのです。

二次創作のコミュニティも作品ジャンルやキャラクター同士の組み合わせによって細分化されています。ある程度閉じたコミュニティで妄想が共有されると、気軽で活発なコミュニケーションが誘発されることでしょう。そこで共有された妄想の精緻化が促進されるのではないかと考えられます。

共有されたプロジェクションは世界に広がる

二〇〇八年のノーベル物理学賞は小林・益川理論だけではありません。理論物理学の南部《なんぶ》陽一郎先生が一九六一年に発表した、自発的対称性の破れを発見した「南部理論」も同時に受賞しています。賞金の配分は、南部先生に二分の一、小林先生、益川先生にそれぞれ四分の一ずつでした。

自然界での対称性の破れのメカニズムを説明したのが南部理論であり、六個のクォークによる複雑な変化の組み合わせがあればCP対称性を破ることが可能であることを説明したのが小林・益川理論です。南部理論は、まだクォークの概念すらない時代に提唱され、その後の現代素粒子論において重要な骨組みとなるいくつもの理論の主導原理となりました。

小林・益川理論は、まず南部理論という虚投射を小林先生と益川先生が共有したところから出発しています。南部理論という虚投射を研究することから、今度は自身の表象としての理論を作りだしたのです。南部理論はその後、さまざまな研究者が提唱したさまざまな理論の礎となっていることから、小林・益川理論も南部理論から派生した多くの虚投射のひとつであるといえます。

益川先生自身も「これまでに一番力を注いだ研究は、南部さんが提唱した『対称性の自発的な破れ』が現実に起こることを示すこと」だったと語っています。益川先生は若手研究者時代に、南部先生が一九六〇年代に書いた論文を「しゃぶり尽くすほど勉強」したそうです。

これはいうなれば、益川先生の「最推し」は「南部理論（対称性の自発的な破れ）」であったということです。ノーベル賞受賞のコメントでも終始わりとそっけない態度であった益川先生ですが、ただひとつ声を震わせながら涙をぬぐったところがありました。南部先生について言及した時です。「これまでずっと仰ぎ見ながら研究してきた南部先生と一緒に受賞できるのは、最大の喜びです」。これは「推し」と自分が一緒に、科学者としてもっとも晴れがましい舞台に立ったことを指していると考えれば、その歓喜たるや察するに余りあるでしょう。

益川先生は、南部理論という「推し」を自分の内的世界で深く解釈し、小林先生とともに自分たちのまったく新たな物語として「小林・益川理論」を生成しました。その小林・益川理論はまた別の研究者たちの「推し」となり、未知なるクォークの発見という新たな物語の生成へ研究者たちを駆り立てました。南部理論から小林・益川理論そしてクォークの発見にいたる系譜は、共有された虚投射が世界へ広がり、それを受けとった人間の新たな投射として派生が生じるプロセスでもあるのです。

二次創作は研究活動!?

ノーベル賞を受賞するほどの研究でなくても、二次創作に関わる活動と研究活動を照らしあわせてみると、驚くほど共通する部分が多いことに気づきます。以前、ある学会の講演で、同人誌即売会の風景と学会での様子の写真を並べてだしてみたところ、ほとんど見分けがつかないくらいよく似ていたので、参加していた研究者のみなさんが爆笑していました。

まず、創作者として／研究者として、どの既存作品／研究テーマを選ぶのかが決まったら、既存作品の視聴／論文講読を精力的にすすめます。手に入るかぎりの資料に目を通したい気持ちは創作者でも研究者でも同じです。さまざまな情報を集めているうちに、だんだんと同好の士に出会い仲間が増えていくところも似ています。そうやって出会った仲間とは資料の相互交換などもおこない、強い連帯関係が築かれることも共通しています。

次に、資料の丹念な読みこみを通して、どんな妄想内容／仮説のもとに自分の創作／研究を進めるのかを決めます。創作／研究をするにあたり、なにに自分のオリジナリティがあるのか、なにが他者にもおもしろいと思ってもらえるのかを考えることは、創作者でも研究者でも同じです。自分の興味とテーマの公共性のバランスに苦慮することも両者に共通している悩みです。

今度は、既存作品の解読／実験や調査をしっかりとおこない、その分析に努めます。その結果を作品／成果としてかたちにします。これは先ほどから述べているように、プロジェクションの集大成の作業です。原作／先行研究との整合性を保ちながら新たな疑問点を提唱し、原作では描かれていない空白部分／これまでの研究では検討されていなかった問題に対する解答を探ります。解答として説得力のあるエピソード／データが示され、精緻な物語／信頼性・妥当性のある成果が、作品化／論文化されると、それは素晴らしい二次創作／学術論文なのです。

作品／成果が完成した後の行動も、両者はとても共通しているのでおもしろいです。年に数回の大きなイベント／学会で、作品／成果を発表します。それだけでなく、領域の限定されたイベント／○○研究会でも作品／成果を発表します。これらはいずれも、国内外のいろいろな場所でおこなわれることが多いので、創作者／研究者はよく遠征／出張します。イベント／学会で行った先では、ふだん会えない仲間と情報を交換して近況を報告します。

昨今の状況でウェブ機能によるオンライン開催となっても、情報の交換はできるのですが、雑談するような機会は格段に減ってしまいます。京都大学元総長で霊長類学の山極壽一《やまぎわじゆいち》先生は「オンライン学会では『社交』ができない」と評したそうで、私も「それです！」という思いで膝を打ちました。創作者／研究者にとって、イベント／学会は発表の場であるだけでなく、貴重な社交の場でもあるのです。オンライン開催での参加の気軽さや利便性には大きなものがある一方、人間同士の活動である以上、失われるものもまた大きいことを痛感しています。仲間との気軽なおしゃべりが、研究の活力や新たなアイディアの種になっていたことなどが、あらためてよくわかりました。

イベント／学会の状況も共通点が多く、作品／抄録を並べた分厚いカタログ／論文集があり、最近はいずれもディスクやオンラインなどデジタル化されています。これは持ち運びや検索にはとても便利なのですが、暇な時に紙のページをパラパラとめくってちょっと気になったものがあったら行ってみる、というような使い方ができないのが難点です。自分の興味がはっきりしているものにアクセスできることは重要ですが、ふと思いがけないものに出会うのも創作や研究には大事なことです。不特定多数の人々が集うイベント／学会だからこそ、そのような機会の可能性があるといいなと思っています。

数千人から数万人が参加するような大きなイベント／学会では、日程ごとに既存作品／研究テーマが配置され、作品／成果を発表するために、ジャンル／部門を選択して申しこむ点も共通しています。両者とも、発表までのスケジュールに従って、原稿の〆切があるのでそれに追われています。すでに完成している作品／成果を発表すればいいのですが、なかなかそうはいかないのが人間というもの……。発表の予定ができてようやく創作／研究のエンジンがかかることは珍しくありません。当日が近くなってあたふたとしていることを各地に散らばる仲間と共有したりすることも、とても似ています。ふだんからブログやTwitterで自分の考えを発信して、意見交換をおこなう創作者／研究者もいます。

発表した作品／成果に対しては、さまざまな反応があります。褒められれば喜び、けなされれば落ちこむのも同じです。コミュニティの大きな流れとして、その時どきで流行《はや》る作品／テーマがあり、注目される妄想内容／仮説があります。有名創作者や人気創作者／研究者がいます。イベント／学会ではそのような人のところには人だかりができているのですぐにわかります。

交友関係もとてもよく似ていて、仲間の創作者／研究者で集まり、オフ会／研究会をします。

仲間との集まりで話が盛りあがると、合同誌／研究書をだします。私は二〇二〇年に『プロジェクション・サイエンス　心と身体を世界につなぐ第三世代の認知科学』という研究書を複数の先生たちとの共著で出版しました。いまこれを書いていて、あらためて「あれはプロジェクションの合同誌だったんだ」と思いました。本書のように私がひとりで書いているものとは異なり、その本ではいろいろな研究者が自分の立場から研究したプロジェクションについて書いています。そのような研究書のおもしろさは、一冊で多様な作品に触れられる合同誌の愉しみと共通しています。

宗教や芸術への展開

二次創作や科学研究のほかにも、個人の信心を超えたコミュニティとしての宗教、また同じモチーフがさまざまな作品となる芸術などにも、プロジェクションの共有が基盤になっていると考えられます。

最初期のキリスト教は、イエスの直弟子たちが伝道活動として布教をおこなったことによってはじまります。イエスが十字架にかけられて刑死したのち、その弟子や女性たちのあいだで存命時のイエスのエピソードが語り継がれました。集会ではイエスが生前の予言どおり復活した姿を見たという体験なども共有されました。実体のない神という存在を信じる「物語」が、それを聞いた人々にも共有されている例といえます。キリストの「物語」は四つの福音書をはじめ、多くの人の「物語」として派生しました。それが現在では、世界中に信徒がいる巨大宗教となっているのです。

また、絵画の例としては、キリスト教の新約聖書にあるエピソードのひとつである「受胎告知」をモチーフとした作品などがそれにあたります。シモーネ・マルティーニ、フラ・アンジェリコ、フィリッポ・リッピ、サンドロ・ボッティチェッリ、レオナルド・ダ・ヴィンチなど著名な画家による名作も多く、エル・グレコは、このモチーフだけで一〇枚以上の作品を描いています。そもそも受胎告知は事実ではなく「物語」なのですが、そのエピソードに強いインスピレーションを受けた画家たちは、その「物語」を自分なりの絵画として派生させたため、さまざまなバリエーションが出現しました。

虚投射として派生した作品は、その前提となる異投射が他者と共有されていないと、虚投射した作品とは認識されません。投射が共有されるためには、その投射に特定の個人を超えた匿名性や、多様な価値観のなかでも保たれる説得力が必要であることはすでに述べました。幽霊や幻覚といった個人による虚投射が、他者とは共有されないのはそのためです。

二次創作では、既存の作品への異投射が参照されてはじめて、虚投射が派生作品として成立します。同様に、研究活動での先行研究の参照、宗教上の儀式の由来、芸術におけるモチーフの意味なども、プロジェクションがコミュニティで共有されてこそ、派生した物語は意味を持って立ちあがってくるのです。

あなたにとって「推し」が人生を豊かにしてくれるのと同じように、物語・研究・宗教・芸術……どれも私たちの人生や生活にいくつもの「意味」を与えて、豊かに彩ってくれるものばかりです。人間は世界をより潤沢に認識するために、プロジェクションとそれをたくさんの他者と共有できるという、こころの働きを備えているのです。

第三章　「推し」との相互作用が生まれるとき―育成―

マンガやアニメの「実写化」

近年、人気マンガやアニメやゲームなどが、俳優らによる映画やドラマになることを「実写化」と表現します。人気マンガを原作とした映画『海猿《うみざる》』『デスノート』『るろうに剣心《けんしん》』などは、いくつもの続編が制作される大ヒット作品となりました。これらの映画作品の観客には、原作となったマンガを知っていて実写化映画として観ている人、原作をまったく知らずに映画のみを作品として観ている人がいます。前者の観客はプロジェクションをしている人、後者はしていない人です。本章ではこのような「実写化」を例に、生身の人間に対するプロジェクションを見ていきます。

第二章ではプロジェクションの例として、腐女子の二次創作や科学理論の醸成などを見てきました。これらで投射がなされる対象は、物語のキャラクターやその関係性、理論や仮説でした。けれど投射は、そのような「事物」に対してだけなされるわけではありません。生身の人間に対してもおこなわれます。では、生身の人間になされるプロジェクションとは、いったいどのようなものでしょう。

本章の前半では、生身の人間である俳優やタレントなどを対象になされるプロジェクションについて考えます。例として、実写化映画やドラマ、2・5次元文化、モノマネをとりあげます。

実写化映画やドラマのキャストやビジュアル資料が発表されると、原作マンガやアニメのファンたちは「似てる／似てない」「合ってる／合ってない」と意見や感想を言いあって賛否両論がわき起こります。それは観客として自分がすでに持っている、原作のキャラクターの表象（イメージ）をその俳優に投射できるのか、真剣に吟味しているのです。さらに、実写化された映画やドラマに示された演者の投射を、観客である自分が共有できるのかについても精査しています。

あるキャラクター役を演じる俳優は、まず原作のキャラクターの表象をよく読みこみ、そして自分なりの表象を作りこみます。なかには実写化の台本のみを参考にして役作りをする俳優もいるかとは思いますが、多くの俳優は原作をしっかり読んでその世界観を大切にしながら、実写化ならではの表現世界を模索します。そのようにして俳優は、演者としての表象を自分の身体に投射して、実写のキャラクターを作りあげます。マンガが原作であれば、平面に描かれたキャラクターを立体で動かし、会話に声を与えます。原作キャラクターの表象は、視線の流れや歩く姿勢、話し方や指先などの細部にいたるまで、俳優の身体をスクリーンとして投射されるのです。

作品中の演者同士ですら、俳優がそのキャラクターにしか見えない、というくらい投射がうまくなされることがあるようです。よしながふみさんの人気マンガ『きのう何食べた？』の実写化では、ダブル主演のひとりである西島《にしじま》秀俊さんがもうひとりの主演の内野《うちの》聖陽《せいよう》さんについて「彼が（役の）ケンジにしか見えず、ほかの現場で会う姿が想像できない」と言っていました。実際、後日別の現場で会ってみたら、かつてのケンジの面影はまったくなかったそうです。内野さんは「それはそうでしょ」と笑っていました。

私も、内野さんが笑うのはあたりまえだと思います。ある現場でのみ、求められるキャラクターをしっかりと投射するのが俳優なのですから。ここで興味深いのは、そんなことは百も承知である俳優の西島さんですら、作品の撮影中はそんなふうに思ってしまうというプロジェクションの力です。演者同士がそれくらい強くプロジェクションを共有できている作品であれば、観客にとっても魅力的な実写化作品となるのでしょう。

原作を超えるイメージ

時には、原作者ですらびっくりするほどのプロジェクションもあります。少女マンガの名作といわれる『ポーの一族』が連載終了から四〇年以上の時を経て、二〇一八年に宝塚歌劇団で舞台化されました。原作者の萩尾望都《はぎおもと》さんは明日海《あすみ》りおさんが演じた主役エドガーを見て、「なんと。そこにエドガーがいた。イメージを上回るイメージ。（中略）不思議」と評しています。生みだした作者の表象（イメージ）さえ超えるほどの表象が投射され、キャラクターが実体となって存在する驚きと喜びがよくわかります。

観客が原作をよく知ったうえで実写化を観る時のおもしろさは、俳優による表象の投射をなぞりながら、自分の表象もそこへ投射して鑑賞することにあります。特に、自分の「推し」が実写化されたりしたら、もう大変です。「私の〇〇は、そうじゃない！」と思ったり、「あの俳優が演ずることによって、私の〇〇の新しい面を見られた」となったりするのです。「私の〇〇」とは、正確には「私の表象としての〇〇」ですから、それは見る人の数だけ存在します。

いっぽうで実写の○○は厳密にいうと、演じる俳優による○○の表象が投射された、○○というキャラクターです。観客は自分が持っている○○の表象を、実写化で演ずる俳優の○○に投射して見ることになります。観客と演者（ここには監督や演出家、美術なども含まれます）それぞれにおける○○の表象が一致していれば「そっくり」「再現度が高い」「成功」と称賛されます。

ここでいう一致とは「コピー」のような物理的な一致のことではありません。あくまでも表象の一致です。だからこそ、時に「原作以上に○○そのものだ」というような感想すら生まれます。コピーでは原作以上にはなりません。そもそも原作の実写化なのですから、原作以上という表現はありえないのですが、原作での表象が実写化によってより鮮明に描きだされたからこそ、このような感想になるのでしょう。先ほどの『ポーの一族』のエドガー役を見た萩尾さんの言葉は、まさにこれをあらわしています。キャラクターの生みの親である原作者でさえそう思うのですから、ふつうの観客はなおさらでしょう。それは演者だけでなく、観客も投射をしながら作品を鑑賞しているからにほかなりません。

原作がないのに「実写化」を絶賛？

実写化におけるプロジェクションの例で、極端なものが「原作なき実写化」といえます。それは単なるオリジナル作品なのでは？と思われるかもしれませんが、そう単純ではないのです。二〇二〇年と二〇二一年にＮＨＫで放映されたテレビドラマ『岸辺露伴《きしべろはん》は動かない』は、荒木飛呂彦《ひろひこ》さんの人気マンガ『ジョジョの奇妙な冒険』におけるスピンオフ作品の実写化です。しかし、実は全六話のうち第二話『くしゃがら』は、原作マンガのない作品でした（別作者によるノベライズ版のみ）。ところが、ドラマで演じられたノベライズ版のみのキャラクター（志士十五《しじゅうご》）のビジュアルや立ちふるまいがあまりにも「ジョジョ的」であったために、視聴者からは「素晴らしい実写化だった！」と絶賛されました。

原作マンガという視覚情報がないのに、ジョジョ的世界の中で立ちあがってくるキャラクターが素晴らしく「実写化」できたのは、演者と観客のジョジョ表象がうまく一致して投射されたからでしょう。ドラマの志士十五というキャラクターは鮮明なプロジェクションとして、演者と観客で共有されたのです。もちろん、ほかのキャラクターを演じる俳優の作りこみや原作マンガの世界観を描きだす映像技術など含めての評価です。けれども、原作をすでに読んでいる人ばかりでなく、ジョジョは知っているけどちゃんと読んだことのない人（このドラマを観ていた私がそうです）が見ても、「このキャラクター、なんかジョジョの世界っぽい！」と思うのは、ひとえにプロジェクションの力なのです。私はドラマを観たずっと後で、この志士十五というキャラクターが原作マンガにはいないことを知って、とても驚きました。なぜなら私は、あのキャラクターがマンガで描かれていないとは露ほども思わず、無意識のうちにマンガ原作者の荒木さんによる作画で脳内変換していたくらいでしたから。

この私の例は、一度は投射がなされた後で、さらに対象から私の表象へ投射がうながされた逆方向の投射であるといえます。このような逆投射（バックプロジェクションといいます）についてはいろいろおもしろいので、また第五章で詳しく話をします。

2次元と3次元のあいだで

いままでの例であげたようなマンガやアニメが映画やドラマとして実写化されるばあい、作品の中心となるキャラクターには、一般によく名の知られた俳優が起用されます。それは興行的な価値も考慮されていると思いますが、その俳優がすでに個人として備えている表象も含めて、キャスティングされていると考えられます。それゆえに、配役が発表された時にキャラクターのビジュアルが公開されていないにもかかわらず、すでに「似てる／似てない」「合ってる／合ってない」といった議論が熱心なファンのあいだではなされるのです。原作ファンたちは発表された俳優の表象を参照しながら、原作のキャラクターの表象と俳優という対象のすりあわせをしています。

マンガやアニメなど2次元のキャラクターを、実際の人間として3次元で表現しようと試みたばあい、どうしても生身の人間として演じる俳優の表象が介在することになります。知名度のある原作に知名度のある俳優をキャスティングする背景には、たくさんの人の耳目を集めたいというだけでなく、観客の中にある程度の表象のある俳優を使うことで、作品中のキャラクターの表象を投射しやすいという利点もあります。あるいは反対に、これまでの表象を逆手にとって、それを覆すような表象を投射させることで、新たな面を表現したいといったこともあるでしょう。

不特定多数の観客が想定されるような大規模な作品がある一方で、よりコアなファンを対象にして制作される実写作品があります。それは「2・5次元文化」と呼ばれている、マンガやアニメやゲームを原作としたミュージカルや演劇の舞台作品です。近年、市場が急速に拡大しているエンターテインメントの一ジャンルです。2・5次元ミュージカルや演劇の市場規模は、二〇〇〇年には一五作品二六万人の動員で一四億円でした。それが二〇一八年には一九七作品二七八万人の動員で、その市場規模は二二六億円です（二〇一九年、ぴあ総研資料）。

二〇一八年末の『ＮＨＫ紅白歌合戦』の企画コーナーには、世界で人気のジャパンカルチャーとして、ゲーム『刀剣乱舞―ONLINE―』を原案としたミュージカル『刀剣乱舞』の俳優たちが出演しました。ゲームのキャラクターとして演じ、歌と踊りのパフォーマンスを披露したのを観た人もいるでしょう。

2・5次元文化の演劇やミュージカルといった舞台作品では、実写化映画やドラマと同様に、マンガやアニメ、ゲームなどに登場するキャラクターたちを生身の人間である俳優らが演じます。しかし、先ほどまでの実写化作品と比べて、2・5次元文化の演劇やミュージカルといった舞台作品には大きく異なる点がふたつあります。それはいったいなんでしょうか?

観客に求められるもの

ひとつは、2・5次元文化の観客には基本として、原作を知っている人（原作のファン）であることが想定されていることです。原作をまったく知らずに2・5次元文化の作品を観ると、その作品世界がよくわからないままおいてきぼりになってしまうことになります。映画やテレビドラマの実写化作品の多くは、原作を知らない人でもわかるように作られています。しかし、2・5次元文化の演劇やミュージカルといった舞台作品は、原作を好きな人がさらに楽しめることを重視しているのです。もちろん、原作をまったく知らずに2・5次元作品を観てファンになった人もいることでしょう。ですが、そのような人も後でしっかり原作を「自習」して作品世界をより深く理解しようとしているのではないでしょうか。

2・5次元文化の元祖であり、いまも大人気コンテンツのひとつである『ミュージカル・テニスの王子様』の舞台を観にいったことがあります。これは許斐剛《このみたけし》さんの人気少年マンガ『テニスの王子様』をミュージカルとして舞台化したものです。私は物語の概要は知っていたものの原作マンガをほとんど読んでいなかったのですが、そのような状態で2・5次元文化の作品を観るとどうなるのかという実験のつもりで、あえてまったく「予習」をせずにいました。会場でパンフレットも購入しましたが、それも舞台を観た後まで開きませんでした。そうしてはじまった舞台の上での物語は、あるテニス大会の準々決勝に焦点をあてたもので、私にはそれがどのような状況なのかほとんど把握できませんでした。はじまってみれば、役者の熱演と観客の盛りあがりや巧みな演出で次第に引きこまれ、舞台はとても楽しいものでした。けれど、そこで私が痛感したことは、もっと情報を知っていたならもっとおもしろかっただろうなあ！という悔しさに近い気持ちでした。観劇の後に、私がパンフレットや原作マンガやSNSにある観劇レポートなどを読みあさったことはいうまでもありません。

私の実験（のつもりの実体験）からわかったことは、2・5次元文化を有意義に鑑賞するためには、観客も事前の準備が不可欠であるということです。つまり、演者が作品世界の表象を持ってキャラクターを演じるのはもちろんのこと、観客としても投射できる表象を備えていることが求められているのです。私はこの経験を通じて、2・5次元文化における作品とは、演者と観客の双方のプロジェクションがなされることで作りあげられるということがよくわかりました。

ステージというかぎられた時間と空間でなにを表現するかという時に、2・5次元作品は原作を知らない人へ向けて最初から説明をすることよりも、原作をよく知ったうえでのさらなる楽しみや驚きを追求しているのです。2・5次元作品には、観客のプロジェクションを最大限に活用して、さまざまな意味に彩られた魅力的な作品を成立させようという試みがあるといえます。

真っ白なスクリーンへの投射

2・5次元作品が映画やテレビドラマでの実写化と異なるもうひとつの点は、主役級であっても一般的にはあまり知られていない役者のキャスティングが珍しくないことです。2・5次元作品にはすでに原作のファンがついているために、スター俳優がいなくとも着実な観客動員が見込めることや、2・5次元作品の制作費と役者のギャラの問題も大きいとは思います。しかし、一般的にはあまり知られていない俳優を起用することは、プロジェクションとしては実に重要な側面なのです。

2・5次元ミュージカルを手がけてきたアニメ・ミュージカルプロデューサーの片岡義朗さんは、2・5次元ミュージカルの役者に求められるのは「キャラに見えること」であって「技量」ではないと言います。演技経験の少ない俳優であっても、それは問題にはなりません。公演を通して俳優が成長していく過程も、鑑賞の醍醐味のひとつとしてとらえられているからです。

2・5次元作品の愛好家でもあるマンガ家のやまだないとさんは、「キャラクターというのは輪郭であり、印象であり、ラインである」と言っています。演者が観客の表象を投射されるスクリーンだと考えれば、片岡さんとやまださんの言っていることはとてもよくわかります。先ほどの実写化映画やドラマのように、スター俳優がキャスティングされると、多かれ少なかれどうしてもその俳優自身の個性や観客があらかじめ抱いているイメージなどがキャラクターにでてきます。しかし、2・5次元作品では、観客の表象をできるだけ鮮明に投射してほしい、ならば輪郭やラインがしっかりした真っ白なスクリーンが最高です。2・5次元作品にはキャラクターの明確な表象が存在する一方で、演者には「匿名性」が求められているのです。

2・5次元作品では、演者は2次元でのキャラクターの外見的造形をできるだけ詳細かつ忠実に再現します。現実の人間ではありえない髪の色や瞳の色をしているキャラクターに、生身の人間である演者を近づけていきます。ウィッグによるカラフルな髪色や奇抜な髪型、カラーコンタクトによる鮮やかな目の色、原作とできるだけ同じようなデザインの衣装など、可能なかぎりの装飾が演者に施されます。

装飾と同様に重要なのは、立ち姿の身体のラインです。2次元で表現されているそのキャラクターらしさ、それは外見的な造形だけでなく立っている姿や歩き方にも個性として色濃く反映されています。演者はそのようなポーズや動きの特徴をつかみ、2次元の表象を3次元の身体へ投射します。それは実写化映画やドラマの演者も同様なのですが、2・5次元作品では、実在する人間らしさよりも現実的ではない「2次元らしさ」が3次元において追求されます。3次元に実在していながら、2次元らしさがうまく再現できる演者が、2・5次元作品の俳優として称賛されるのです。

このようなプロジェクションにより、虚構（2次元）のキャラクターが現実（3次元）のなかで立ちあがってきます。その人物（演者によるキャラクター）はまさに虚構（2次元）と現実（3

次元）のあいだに存在しており、「2・5次元」とはたしかに言い得て妙だと感心します。

プロデューサーの片岡さんは、2・5次元作品の人物について観客が「マンガから出てきたようだ」と感じるのは「もともと2次元のものが受け手の頭の中で生きているから」と語っています。これは、観客のなかの表象のことを指しているのでしょう。あらかじめ観客が持っている表象が演者に投射されることで「マンガから出てきたようだ」と観客は感じるのです。

2・5次元作品では、キャラクターの表象をできるだけ鮮明にすること、そしてその表象をできるだけスムーズに投射させて観客に気持ち良くなってもらうことを目指しているといえます。キャラクターの表象は、演者によって演者の身体へ投射され、また観客によって演者へ投射されています。それら個人と他者のプロジェクションが共有されてはじめて、2・5次元作品は成立します。そんな演者と観客による共同作業の魅力があるからこそ、ほかにはないエンターテインメントとして人気を誇っているのでしょう。

誰もが楽しめる「モノマネ」

これまでに見てきた腐女子の二次創作、科学理論の醸成、2・5次元文化などにおけるプロジェクションの共有には、それぞれ特定のコミュニティが密接に関わっています。しかし投射の共有とは、特定のコミュニティにおいてのみ生じるわけではありません。

たしかに、特定のコミュニティ内ではコミュニティ外よりも、たがいに表象を共有することは容易になると考えられます。けれども表象を共有するうえで、特定のコミュニティに所属することは必須ではありません。コミュニティがなくとも他者と表象が共有されていれば、そこに投射の共有も生じうるのです。

では、特定のコミュニティを規定しない投射の共有とはどんなものなのでしょうか？　それについて、子どもから高齢者まで「誰にでも」、大勢の観客から小さな宴会まで「どのようなところでも」楽しめる「モノマネ」芸を例に考えてみます。

モノマネ（物真似《ものまね》）とは、人間や動物の声や行動・状態をマネすることであり、芸能の一ジャンルでもあります。テレビやYouTubeなどでも、いつも人気のあるコンテンツです。また、やろうと思えば（似ているかはともかく）誰でもできる手軽な芸としても、モノマネは子どもから高齢者まで楽しめる身近なエンターテインメントといえます。

仏教学の石井公成《こうせい》先生の著書『〈ものまね〉の歴史　仏教・笑い・芸能』によれば、日本においてこうしたモノマネ芸の愛好は昔からあり、古くは平安時代に見られます。世界を見ても、これほどモノマネが愛好され、かつ多くの記録が残っている国はほかにないそうです。しかし、これまでモノマネが独立した芸能ジャンルのひとつとして研究の対象とされることはほとんどありませんでした。ここではプロジェクションの観点から、モノマネをおこなう「モノマネの産出」と、モノマネを見る「モノマネの理解と鑑賞」のふたつのプロセスについて考えてみます。

モノマネを「する」ときのプロジェクション

モノマネをする、すなわちモノマネの産出には、三つの要素があります。

①モノマネの対象となる人間や動物の声や行動・状態
②対象について構成された内的な表象
③モノマネをおこなう主体（の身体・声・行動など）

あなたがこれまで見たことのあるモノマネ芸を思いだしてみましょう。あなたの目の前にいるのはモノマネをしている演者さんだけです。その演者に、モノマネされている人が乗り移ったかのようにしゃべったり歌ったりしていますが、やはり目の前にいるのは演者だけです。それを見ているあなたは、そのことをしっかりと理解しています。つまり、投射されているものは対象（マネされている人）についての表象であり、そこに存在するものはモノマネをおこなう主体（マネしている人）だけです。目の前にはいないはずの人がモノマネによって見えてくる、ここにプロジェクションの働きが見られるのです。

モノマネが産出されるメカニズムにおいて、プロジェクションはとても重要です。モノマネとひとくちにいっても、いろいろな種類があります。プロジェクションの観点では、モノマネはふたつに分類できます。

たとえば、人気モノマネ芸人のコロッケさんによる『美川《みかわ》憲一』や、Mr.シャチホコさんによる『和田アキ子』は、プロジェクションの「異投射」といえます。モノマネされるソースは実在の対象であるが（美川憲一、和田アキ子）、表象（美川憲一、和田アキ子のイメージ）が投射されるターゲット（コロッケ、Mr.シャチホコ）がソースとは異なる別人だからです。

一方で、タレントの柳沢慎吾さんによる『ひとり警視庁24時』や、お笑い芸人の秋山竜次《りゅうじ》さんによる『クリエイターズ・ファイル』などは、プロジェクションの「虚投射」です。モノマネされるソースは実在しない（実際にある特定の事象や人物の再現ではない）にもかかわらず、表象（警察の緊迫したやりとり、さまざまな職業人たちのイメージ）が、ターゲット（柳沢慎吾、秋山竜次）に投射されているからです。

プロジェクションの観点によるふたつのモノマネの違いは、モノマネの対象が具体的に実在するか（異投射モノマネ）、実在しないか（虚投射モノマネ）ということにあります。

対象が特定の有名人であるモノマネと、対象が特定の誰かではない想像上の人物であるモノマネ、このふたつの差異はそれほど厳密ではないのかもしれません。むしろ、投射される表象が、どれほど明確であるかという程度の違いであると考えられます。デフォルメされた特徴は、明確な表象となりやすいのです。モノマネをされる対象（ソース）として個性の強い人物や特異な行動が選ばれるのはそのためでしょう。

『誇張モノマネ』を芸としているハリウッドザコシショウさんは、「モノマネをしている芸人のマネをして」練習をしているそうです。そうであれば、たしかに特徴を誇張しやすいはずです。

「上手な」モノマネとは、実在する対象の完全なコピーではありません。実在する、あるいはいかにも実在しそうな対象の特徴を、しっかりとらえた「明確な表象」があることが重要です。そのうえで、その表象が主体によって「的確に投射」されている必要があります。

人気のあるモノマネ芸人のモノマネには、このどちらもが備わっています。そして、それこそがモノマネを「見る」観客のプロジェクションを誘発できるのです。次に、モノマネに欠かせない、観客のプロジェクションについて見ていきましょう。

モノマネを「見る」ときのプロジェクション

産出されたモノマネが「芸」として成り立つのは、個人による表象の投射が他者に理解されているからです。コロッケさんによる美川憲一のモノマネは「眼前のコロッケさんに投射された美川憲一の表象」だとわからなければ、モノマネ芸にはなりません。

私には小学生と中学生の子どもがいます。ところが、どちらも美川憲一さんが歌っているところを知らないそうで、コロッケさんのモノマネを見ても、ただ「おじさんが化粧をしてギラギラした衣装を着て口をゆがめて歌っている」としか認識しません。コロッケさんのモノマネは、悲しいことに彼らには成立していません。つまり、芸人のモノマネが理解できるということは、観客の内部にもすでに対象の表象があることを示しています。

ただし、モノマネ芸の観客は単に表象を共有しているわけではないのです。モノマネなしに美川憲一さんのことをイメージし、共通する印象や「美川憲一らしさ」などについて語り合うこと、それは美川憲一という表象の共有です（図9）。しかし、モノマネ芸において観客は、

図9　表象の共有

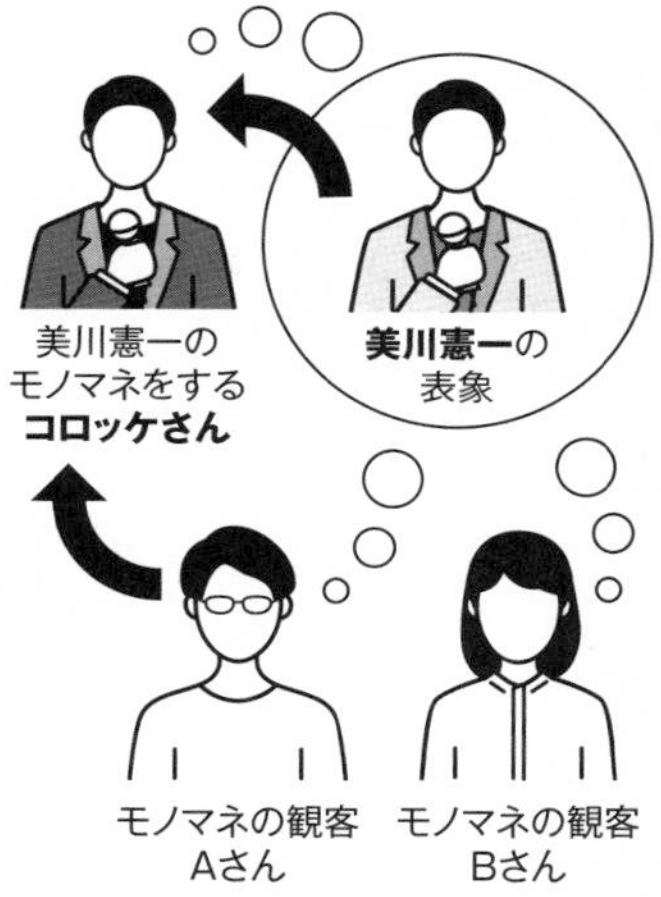

図10　投射の共有

コロッケさんによって投射された美川憲一の表象（コロッケさんの考える「美川憲一らしさ」）を参照しながら、自身も美川憲一の表象（自分の考える「美川憲一らしさ」）を眼前の演者であるコロッケさんに投射しているのです。この時、コロッケさんによる表象の投射は、その観客全員で共有されているといえます（図10）。

先ほど述べたように、上手なモノマネとは、このような観客の投射をうまく誘発して、演者と観客のあいだで鮮明なプロジェクションを共有できた時に成立するといえます。モノマネを見ることがエンターテインメントになりうるのは、別人だとわかっていながら「あ、まさにこれ！　この人こうだよね!」となるおもしろさがあるからです。観客が演者によって自分の内的世界の表象を引きだされ、バシッと投射できた時、それが快感となります。つまり、自分の無意識のなかにあった漠然としたイメージが顕在化され、はっきりしたかたちをとって見えた時、私たちはそれをとても気持ちの良い感覚としてとらえるのです。

たとえばモノマネのほかに、さまざまなパロディなどもそれにあたります。神田桂一さんと菊池良《りょう》さんによる著書『もし文豪たちがカップ焼きそばの作り方を書いたら』は、タイトルのとおり、作家、アーティストやタレントなどが「その人らしく」カップ焼きそばの作り方について文章を書いたらこうなるだろう、という文体模写の作品です。実に一〇〇人もの人物などが次々に登場して、その人が書きそうな内容で、カップ焼きそばの作り方やそれにまつわるあれこれを綴《つづ》っています。この本は続刊も出版されていますから、こういうものが多くの人におもしろがられるということがわかります。読者が持っているその作家などの漠然としたイメージが、神田さんと菊池さんという書き手によって、カップ焼きそばの作り方という意外で身近なものへ投射されて鮮明になった時、それは滑稽で心地良い快楽となるのです。

演者と観客による投射の共有について別の例を見てみましょう。国民的アニメとして親しまれている『ルパン三世』のルパン役の声優の交代です。最初期からルパンを担当していた声優の山田康雄さんが亡くなって後継に抜擢《ばってき》されたのは、声優ではありませんでした。山田ルパンを持ちネタとしていたモノマネ芸人の栗田貫一《かんいち》さんだったのです。ちなみに、このような声優交代は非常に稀《まれ》なことです。山田さんの亡き後に、視聴者における山田ルパンの表象は、栗田さんのモノマネによって、眼前のアニメ・ルパンに投射されることになりました。

交代後、栗田ルパンはすでに二五年以上も継続しており、もちろん視聴者からの支持も高いです。二〇二一年のインタビューでは、栗田さん自身は「ルパンは山田さんが作ったものですから」として、「いまでも僕の胸のなかには山田さんがいて、そのうえでルパンを作っているわけです。それはモノマネをするということではなくて」と語っています。モノマネ芸人として山田ルパンを演じていたことでルパン役をつとめることになった時から長い時間が経ち、最初の頃は完全なコピーを目指していた時もあったそうですが、栗田さんのプロジェクションのかたちは変化しているのです。「モノマネをするということではなくて」という意味は、山田ルパンの完全なコピーをするのではないということでしょう。

栗田さんはいまでも、収録前には必ず山田康雄さんがルパンを演じた映像を観てから、現場に向かうと話しています。それは、よりいっそう山田ルパンの表象を意識しながら、自分なりの投射を鮮明にしていこうという姿勢だと考えられます。栗田さんによる山田ルパン表象のプロジェクションは、いまなお発表される新作を通して多くの視聴者のあいだでも共有されているといえるのです。

アンドロイドはモノマネ芸人の夢を見るか？

モノマネを見るおもしろさは、演者による表象の投射をなぞりながら、自分の表象もそこへ投射して鑑賞することにあるのだと考えられます。つまり、モノマネを見ている人はパフォーマンスの受動的な鑑賞者ではなく、自らの表象を投射する「能動的な参加者」として鑑賞をしているのです。

それを証明するような事例があります。あるテレビ番組で、モノマネ芸人がモノマネをして、音声で個人を特定する声紋認証システムを騙《だま》せるか、という企画がありました（『でんじろうのTHE実験　最新声紋認証システムvs最強モノマネ軍団の第2弾！』二〇一九年一一月二九日放送）。複数のモノマネ芸人が複数のモノマネを披露したのですが、そのいずれもが声紋認証システムでは「本人」とは判定されませんでした。モノマネ芸人らは落胆していましたが、実際に本人ではないのですから、システムとしては当然の判定です。

ここで興味深いのは、そのモノマネをテレビ局のスタジオで見ていたほかの出演者は一様に

「とても似ている」「本人としか思えない」と言っていたことです。機械（認証システム）は音声という物理的な情報のみで「本人ではない」と判断しますが、人間（ほかの出演者）は音声という物理情報に対して、さらに表象を投射するがゆえに「本人のようだ」と認識するのです。目の前にいるのが本人ではないとはっきりわかっているにもかかわらず、芸人とともに投射することで、人間はモノマネを楽しみます。では、ロボットはモノマネを楽しめるのでしょうか？　ロボットは、モノマネを上手にすることはできるけれど、それを楽しむことはできないでしょう。おそらく「アンドロイドはモノマネ芸人の夢を見ない」のです。

ほかに落語なども、ロボットが楽しむことは難しいかもしれません。落語は、ひとりの噺家《はなしか》がずっと同じ衣装で座ったまま、ちょっとした小道具や仕草、声音と顔の向きだけで何人もの登場人物を演じ分けます。年齢も性別も自在に行き来しながら、大道具も背景もないところで物語を描きだします。その技術はすべて、観客のプロジェクションを誘発させるためにあります。観客は、噺家にさまざまな人物を投射しながら、噺家によって描かれる物語を自分も一緒に描いているからこそ、話芸を楽しむことができるのです。目の前にいる噺家の物理情報のみを処理するばかりでは、落語を楽しむことはとうていできないでしょう。

テレビや学校の文化祭や友人たちとのおしゃべりなど、いろいろなところでモノマネがみんなで大いに盛りあがれるのは、プロジェクションができること、そしてそれを他者と共有できるという、人間ならではのこころの働きがあるからなのです。

コール・アンド・レスポンスはサルにもある

ここまでは、「推し」との相互作用について、演者と観客の共同作業によるプロジェクションの共有という側面から見てきました。本章の後半では、プロジェクションから少し離れて、ほかにもあるいろいろな「推し」との相互作用について考えてみましょう。

ライブやコンサートでの演奏者と観客とのやりとり「コール・アンド・レスポンス」を見るといつも、サルみたいだなあと思っておもしろくなります。サルにたとえるなんて失礼だ！と思わないでください。私は大学院生からポスドク研究員の十一年間は毎日、サルと実験をしていました。心理学の博士論文もサルの認知行動研究で書きましたので、私にとって「サルみたい」というのは親愛の表現です。

群れで暮らすニホンザルやチンパンジーを見ていると、彼らが群れのなかでよく鳴き交わしていることがわかります。研究のために、京都大学霊長類研究所の敷地内にある宿舎で数ヶ月間も寝泊まりしていた時など、朝早くから夜遅くまでいろいろなサルが鳴く声が聞こえてきて、寝ていてもうるさいくらいでした。

ニホンザルはケンカや威嚇をしている時などは「キャッキャッ」「ギャーッ」というような鳴き声をだしますが、平静時には「クー」とやや高い澄んだ響きの声で鳴きます。これは「クーコール」と呼ばれています。サルだけでなく、群れ生活を営む動物のなかには、移動する時などに群れからはぐれないようにするため、盛んにある種の音声を発しておたがいの位置を確認しあうことがあります。そのような音声を「コンタクトコール」といいます。ニホンザルのクーコールもこのコンタクトコールのひとつで、群れからはぐれないようにするために鳴いていると考えられています。

動物行動学の杉浦秀樹先生は、野生ニホンザルの観察研究からサルの音声交換に「会話的なルール」があることを見つけました。あるサルが「クー」と鳴くと、ほかのサルが「クー」と返答します。その返答までの時間はおよそ〇・八秒程度で、多少の個体差はあれどほとんど同じだったのです。他個体からの返答が得られなかった時は、もう一度クーコールを発声することもわかりました。ただしおもしろいことに、返事をもらえなかったサルは、すぐ鳴くのではなく一・五秒ほど間をおいて、仲間の返事を「待って」いるのです。待っても返事がなかった時だけ、もう一度「クー」と問いかけます。それはまるで人間の会話のようです。

このようなサルの「お約束」にのっとった鳴き交わしは、意思の伝達でもなければ、警戒情報でもありません。クーコールの中身に意味はないのです。では、なんのためになされているのでしょうか？　それは、群れにいる仲間の存在の確認です。森の中ではおたがいの姿が見えないこともよくありますから、常に「いる？」「いるよ」「いま、どこ？」「こっち！」と音声でたしかめあうのです。このような鳴き交わしは群れの仲間としかやらないので、クーコールは仲間としての連帯を強めて確認する行動でもあります。

ライブやコンサートで演奏者からの問いに観客が一斉に答える、ある楽曲で観客が一斉に決まった合いの手を入れる、などのコール・アンド・レスポンスはサルのクーコールにとてもよく似ています。コール・アンド・レスポンスも、特定の情報を伝達しているわけではなく、やりとりすることそのものが重要なのです。観客のレスポンスが思ったよりも小さかったりすると、もっと！と再びコールされたりするところも共通しています。クーコールのように一対一ではなく、姿が見えない森のなかでもないのですが、「お約束」にのっとったやりとりは演奏者と観客の連帯感を高めます。また大勢の観客が一斉に反応することで、観客同士の連帯感も高めます。

コール・アンド・レスポンスによって、ライブやコンサートで演奏者のパフォーマンスを受動的に鑑賞するだけではなく、自らもそのパフォーマンスの参加者として能動的に鑑賞する姿勢が生まれます。だとすれば、ライブやコンサートでの楽しみはさらに大きくなるでしょう。

ゼミ生の小倉詩緒里さんとの研究で、ライブパフォーマンスにおける観客の一体感の推移について検討しました。時間経過に沿って分析すると、ライブ中に観客が感じている観客同士やパフォーマーとの一体感は一定ではなく、さまざまな局面に応じて強弱があることがわかりました。特に一体感を強く感じている場面には、掛け声やペンライトを振るなど観客によるアクションが関わっていることが示唆されました。また、激しく動く時だけでなく、バラード曲の一部を会場中で一緒に歌っていた時も一体感が強くなっていました。一方で、観客の一体感が弱い場面とは、個別にファンサービスを受けていたり、歌ではないトークを聞いている時など、観客がそれぞれ受け身的にパフォーマンスを楽しんでいるところでした。

演奏者からの働きかけは、観客の反応によって強化されます。強化された演奏者の働きかけに、観客がさらに熱く反応します。まさにおたがいの相互作用によって、ライブやコンサートでの一体感は高まっていきます。そんな「推し」と自分の共同作業としての「コール・アンド・レスポンス」は、群れで生きるサルのクーコールにその起源を見いだすことができるのです。

映画に向かって「応援する」という参加

「推し」と自分の共同作業としてのコール・アンド・レスポンスについて見てきましたが、そのような共同作業が必ずしも生身の人間とだけ成立するわけではない、という例をあげましょう。「推し」が2次元であってもコール・アンド・レスポンスという共同作業が成立するところ、それが「応援上映」です。

「応援上映」というのは、映画の上映中に、観客が色とりどりのペンライトやサイリウム、応援うちわ（これはジャニーズのコンサートで使われるような、「推し」を応援するためのうちわです）などを振って、大きな掛け声をかけたり歓声をあげたりすることが奨励されている鑑賞形態のことです。それをしている対象は映画ですから、当然、対象からの反応はありません。色鮮やかに輝く灯《あか》りや気合の入った声援も、スクリーンの映像に届いたらはね返るばかりです。

これまで長いあいだ、映画という娯楽は静かに鑑賞するものとされてきました。ところが応援上映はそのような概念を覆しました。盛りあがるシーンでは観客みんなで歓声や声援をあげます。時には登場人物のセリフにツッコミを入れたり、劇中のセリフをみんなで唱和したりもします。ペンライトやサイリウムを持ちこんで振れば、ライブやコンサートのように映画を楽しむこともできます。

応援上映が話題となったのは、二〇一六年にアニメ映画『KING OF PRISM by Pretty Rhythm（以下、キンプリ）』が応援上映の映画としてSNSを通じて口コミで広がり、異例のロングランを記録したことがきっかけでした。本作は応援上映を前提に制作されており、セリフのところで一定の間が設けられていて、そこでは観客によるアフレコが可能なのです。つまり、登場人物によるセリフが「コール」となって、観客がその返事となるセリフを発声することが「レスポンス」になっている、コール・アンド・レスポンスの形式があらかじめ映画のなかに組みこまれているのです。また、ストーリーには随所に歌とダンスの場面がでてくるので、そこで観客はキャラクターのイメージカラーや歌の内容に合わせた色でペンライトやサイリウムを振ることができます。すると、映画館が一気にライブ会場になったような演出効果が生まれます。これらの仕掛けは、映画という受動的に鑑賞することしか前提にされていなかったコンテンツを、観客参加型の能動的なコンテンツとして生まれ変わらせました。

私は、この映画を何度もリピートして観にいっているという熱心なファンの人（このような猛者たちはファンのあいだで「キンプリ・エリート」と呼ばれます）に連れていってもらって一緒に鑑賞しました。ペンライトを借りて、手作りの応援うちわも分けてもらい、準備は万全です。

しかし、掛け声などは「お約束」があるそうで、それがわからないのだけどどうしたらいいの？ という私に、エリートさんは「大丈夫です。まずはみんながやることを見て、楽しめばいいんです！」とのこと。なるほど、掛け声などは観客がそれぞれ応援上映でやったことをSNSなどでシェアして、だんだんかたちが決まってきたのだそうです。上映がはじまるとさっそく、最初にでる制作会社や配給会社のロゴに向かってみんなが「〇〇、ありがとう〜！」と大声援を送るのでびっくりしました。もうここから応援しているのです。

六〇分間の応援上映はあっという間に終わり、私はストーリーや映像の意味がよくわからないながらも（これは誰でも初見ではよくわからないらしいですが）、終わってみたらとても楽しい気分でいっぱいでした。映画が楽しかった、というよりは、映画を楽しめた！という達成感や清々《すがすが》しささえ感じました。アニメという2次元のキャラクターたちだったのに、自分が応援して映画に参加することによって、その存在に「触れた」ような気持ちになったことも驚きでした。これは私の能動的な鑑賞でなされたプロジェクションによって、単なる映像にすぎないキャラクターとのあいだに、擬似的な相互作用が生まれたと思えたのかもしれません。

その後、『キンプリ』のシリーズで制作された続編や『キンプリ』作品中の楽曲に焦点をあてた歌番組形式の作品も応援上映で鑑賞しました。その頃、小学生だった私の子どもも一緒に行ったのですが、はじめて味わったライブのような感覚にすっかり魅了され、すぐに自分の「推し」を見つけていました。参加するという体験がいかに強い影響をもたらすのかを目のあたりにした思いです。

わかちあうことの喜び

映画館のスクリーンに向かって全力で声援を送る光景は、とても不思議なものです。しかも、何度も通ってそれをする人もいます。ライブや舞台のように生身の人間がパフォーマンスをするのであれば、何度も通うことでちょっとした変化を楽しむこともできるでしょう。しかし、映画はいつも同じです。声援を送ったからといってパフォーマンスが良くなるわけでもありません。ではいったい、なにが楽しいのでしょうか？　なぜ、何度もリピートする人たちがいるのでしょうか？　それは、自分の好きなものを「みんなで」応援することが楽しいからです。声をだしたりペンライトを振って応援するだけなら、自宅でひとりでもできます。でもそれは、応援上映ほどの楽しみをもたらしてはくれません。

応援上映は、「推し」との相互作用というよりも、「推し」を媒介としたファン同士の相互作用なのです。だからこそ、映画はいつも同じなのに、観客が替わるからリピートして観にいくことになります。何度も観ていれば、同じ映画でも読みこみが深まり、いろいろな解釈ができるようになります。そうなればまた、それをみんなでシェアする楽しみが増えます。

自分の「推し」はみんなの「推し」であるということは、これまでの映画鑑賞でも同じでした。ただ、応援上映はそれを上映中に表現させたことで、静かだった映画館がみんなで参加する祝祭空間へと変貌を遂げたのです。

最近では応援上映もさまざまな形式で試みられています。人気作家の石田衣良《いら》さん原作でR18+指定の映画『娼年《しょうねん》』では、女性限定の応援上映として楽器の持ちこみが許可されました。主演の松坂桃李《まつざかとおり》さんのベッドシーンでは、動きに合わせていろいろな楽器が打ち鳴らされて大いに盛りあがり、観客みんなで大爆笑したそうです。なんだか想像しただけでも楽しくなります。この映画はそんなふうに鑑賞するものじゃない！という意見もあるかとは思いますが、いろいろな観方で楽しんでほしいという制作側の心意気を感じます。でももし、ひとりで観ている時にそんなことをしても、おそらく楽しくはないでしょう。これは、みんなで映画に働きかけるという、応援上映ならではの楽しみ方だといえます。

ハリウッド映画で人気のある『オーシャンズ』シリーズのスピンオフ作品『オーシャンズ8』が日本で公開された時には、ドレスアップ応援上映がありました。出演者の衣装やアクセサリーに合わせたファッションを工夫して、ふだんよりもおしゃれをした観客たちが、登場人物に掛け声や声援を送りながら鑑賞するというものです。これも作中のファッションの祭典やパーティを、観客のみんなで擬似体験できるような楽しさがあります。

映画が映像配信サービスなどによって、いつでも手軽に楽しめるようになったいっぽうで、ひとりでは絶対に味わえない楽しみ方にも関心が高まっていることがわかります。応援上映はまさにそのひとつといえます。

好きなものを誰かとわかちあう喜びは、「推し」をめぐる活動において頻繁に経験する快楽です。実は、これは人間にとって生まれ持った性質ともいうべき、非常に重要なことなのです。

他者を応援すること、他者とわかちあうことに続いて、次は、他者を助けて育てていくことについて詳しく見ていきましょう。

育てているという楽しみ

娘さんが宝塚歌劇団で活躍されているという男性とお話しした時、その人がつぶやいた言葉が印象的でした。「ファンの方たちって、本当にありがたいと思います。自分の家族でも親戚でもないのに、あんなに熱心に応援してくれて」。ご自分は父親として娘さんを応援するのは当然だという気持ちでしょう。それとともに、同じかあるいはそれ以上と思われるくらいの熱い想いで、他人であるタカラジェンヌとしての娘さんを応援してくれる人たちのありがたさと不思議さを話してくれました。

タカラジェンヌやジャニーズのアイドルなどには、新人時代やデビューする前からこれぞと思う人に目をつけて、まだあまり多くの人に知られないうちから「推し」の成長をじっくり楽しむというファンがいます。そのようなファンにとって、ただ対象を見ているというだけでは成長を楽しむことにはなりません。ファンとして舞台やコンサートに通い、専門ショップで対象のグッズや写真を買います。専門雑誌を購入して隅から隅まで目を通し、対象の記事や小さな写真でも見逃さずにチェックします。ファンレターを書いたりうちわを作ったりして想いを伝えます。SNSでも発信をして「推し」としての対象の良さを語ります。そのような行動によって、対象について自分からの働きかけがなされているという自覚があるからこそ、その結果として対象が成長していることを楽しめるのです。それはある意味、「育てている」という感覚に近いのかもしれません。

また、オーディション形式での選考過程をつぶさに見せたり、アイドルや役者に課題を与えてその結果をジャッジするような企画やテレビ番組などは、彼らを育てている感覚を視聴者が擬似体験できます。

より直接的な働きかけとその結果としては、ＡＫＢ48グループの総選挙やアイドルの握手会、マンガやアニメのキャラクターへの人気投票などがあります。自分の投じる票数や並ぶ列の長さが目に見える量として反映されます。少なければ「もっと応援しなければ！」と奮起し、多ければ「応援したかいがあった！」と満足します。量で示されるそれらの結果は、応援の実感が得られる機会でもあります。回数を重ねることになれば、その変化から対象を「育てている」ような気持ちにもなるでしょう。

子どもの学校の定期試験が近いある日、子どもが「ああ、どうしよう、心配だ……」というようなことをつぶやいていました。私はてっきり試験のことかと思っていたら、なんと声優によるラッププロジェクト『ヒプノシスマイク』のファン投票によるバトルの結果について案じていたのでした。かぎられたお小遣いをやりくりしてＣＤや配信映像を購入し、それで手に入る貴重な一票や二票を「推し」へ投票しているのです。架空のキャラクターでありながら、我がことのように真剣に応援するファンがそこにいました。

「育てる」ということに注目してみると、まさにそれを目的としたエンターテインメントのコンテンツがあることに気づきます。それは「育成ゲーム」と呼ばれるゲームのジャンルです。

これは、育成シミュレーションゲームともいわれ、対象の能力をあげたり成長させる過程に主眼がおかれたゲームです。

もっとも広く知られている育成ゲームといえば『たまごっち』でしょうか。画面の中に登場する「たまごっち」というキャラクターの世話をしたり遊んだりしながら育てていくゲームです。一九九六年に発売されてから現在まで、改変を重ねながら時代を超えて人気を保ち続けています。このことからも育成ゲームに根強い需要があるとわかります。私の子どもも例にもれず、ある年の誕生日プレゼントに『たまごっち』をねだりました。うちにやってきた「たまごっち」を子どもが世話するのですが、うまくいかない時など代わりに私がやることになります。実際の子どもの世話だけでもいっぱいいっぱいなのに、こんなキャラクターの世話までしなきゃならないなんて！とイライラしましたが、やりはじめるとなんだか気になり、ついなにかと面倒を見てしまう始末。「世話をして育てる」というのは、それ自体が楽しみとなりうるのだと、育成ゲームの狙いどころの良さをあらためて感じました。

ひとことで「育てる」といっても、いろいろな「育て」があります。『THE IDOLM@STER』シリーズのゲームは、さまざまな個性のアイドル候補生から対象を選び、いかに多くのファンに支持されるアイドルに育てていくかをプロデュースすることが目的です。実際にアイドルを育てているとしたらありそうな課題や出来事が設定されていて、それをクリアしながら成果を競います。『艦隊これくしょん―艦これ―』や『刀剣乱舞―ONLINE―』、『ウマ娘プリティーダービー』などのゲームは、それぞれ擬人化された軍艦や刀剣、競走馬を育てながら戦って勝利を目指すものです（ちなみに、このような事物の擬人化はプロジェクションです）。

これらのゲームはいずれも、プレイヤーが手間や時間のかかる作業をして（ばあいによってはお金もかけて）対象を変化させていきます。制作者が用意した物語を単純になぞるだけではなく、プレイヤー自身の働きかけによって、自分の「推し」の物語が生まれます。しかもそれは、なにかを育てることの苦労と喜びがつまった物語なのですから、楽しみは大きいでしょう。

ヒトは世話をしたい

先ほど、わかちあうことの喜びについて考えました。そのことと、いままで見ていた世話をして育てることの楽しさは、実はつながっているのです。

認知科学の川合伸幸先生は著書『ヒトの本性　なぜ殺し、なぜ助け合うのか』で、ヒトが凶暴で攻撃的な生き物であるという決定的な証拠はなく、本来はたがいに助けあい共感しあう生き物であるという考え方のほうが、多くの実験結果に合致していると指摘します。ここでは、わかちあいからつながる「世話すること」について考えてみましょう。

世話をして育てる対象として、たとえばペットがあります。現在の日本には、実に多くのペットがいます。二〇一八年のペットフード協会の推計によると、約八九〇万頭のイヌと約九六五万頭のネコがペットとして飼われています。その数は日本の小学生の約三倍です。とても多くの人がペットを世話して育てているのです。では、どうして人間はペットを世話して育てるのでしょうか？

先ほどの川合先生によれば、それは人間が群れで生活する生き物だったことに由来しています。人類は旧石器時代から、狩りをするために群れで暮らしていました。多くの人数で協力すれば、大きな獲物もつかまえることができるからです。その時、もし獲物を独り占めしようとする人がいたら、当然ケンカになって群れの和が乱れます。群れを平和に維持するために、人間は獲物を平等に分けあって生きてきました。

認知発達心理学のアリシア・メリス先生とマイケル・トマセロ先生によれば、チンパンジーを対象にした実験で、二頭一組で遠くの食べ物を引き寄せる、という課題では二頭はうまく協力しました。しかし、二頭のあいだに食べ物を置いて、うまく分配をしなければならない状況では、チンパンジーはほとんど協力をすることができませんでした。同じような実験を人間の子どもでやってみたところ、ふたりはケンカすることもなく、食べ物はうまく分配されました。これは、ヒトが資源の分配に関して、かなり寛容であることを示しています。

群れにおいて分配、すなわち「わかちあう」「分け与える」ということがスムーズになされれば、群れは平和で人々は幸福です。そして、平和な群れはさらに発展していくことになります。より大きな集団となり、より大きな獲物や作物を獲得することができます。その獲物や作物をまたうまくわかちあう／分け与えることができたなら、人々にはより大きな幸福がもたらされます。

人類がたどってきた長い進化の過程で、わかちあう／分け与えるという行動は、集団で生きる人間に結果として幸福をもたらしてきました。すると、独り占めをするような人は排除され、わかちあう／分け与えることを幸せだと感じる人が集団のなかで生き残り、そのように感じる人同士が子孫を残します。するとまたそのように感じる人が生き残り……という連綿とした営みが、いまの私たちに受け継がれています。

現在、私たちは日常的に狩りもしないし、群れで生活しているわけでもありません。ものは満ちあふれていて、かぎられたものをみんなで分けあわなければならないこともありません。そこで、私たちのわかちあう／分け与えることの動機づけは、ひとつの例として、ペットに向けられているのです。ともに生活するうえで、世話をして育てるという行動は、自分の時間や労力、お金などの資源をわかちあう／分け与えることにほかなりません。

私の子どもは自分がまだミルクを飲んでいるような幼い時に、赤ちゃんのミルク飲み人形を抱えてその世話をするような遊びをしていました。私は子どもの哺乳瓶と人形の小さな哺乳瓶をまとめて片づけながら、赤ちゃんのような子どもが赤ちゃん人形の世話をするなんて、とてもおかしくて笑ってしまいました。けれど、そんなに小さくても他者の世話をすることが楽しいからこそ、それが遊びにもなるのです。

「推し」に関するあなたの行動をあらためて考えてみましょう。あらゆる活動において、あなたはあなたの時間や労力、お金などの資源を「推し」に分け与えていることに気がつくでしょう。けれど、あなたがあなたの資源を削り、「推し」に分け与えていることは苦痛でしょうか？　いいえ、決してそうではないはずです。それはあなたを幸せな気持ちにしていることでしょう。

わかちあう／分け与えることは人間にとって楽しみなのであり、それが自分の好きな対象へならなおさらです。さまざまな「推し活」は、「分け与えたい」という人間が持っている本来の性質が「推し」に向けられているということです。そうであれば、「推し」を応援して成長を楽しんだり、「育成ゲーム」にハマったりするのも、まさにヒトの本性にもとづいた活動だといえます。わかちあう／分け与えることの延長として、世話をして育てることで幸福になるというのは、ヒトが進化の過程で獲得した、人間本来の性質であるといえるのです。

情けは「推し」のためならず

人間に備わっている、わかちあう／分け与えるという動機づけは、ヒトが大きな集団を形成してそれを維持していくためには不可欠のものです。なぜなら、それが協力の原動力になっているからです。ヒトの社会は複雑で巨大ですから、協力はなにより必須です。

集団で暮らす社会を維持するうえで重要なのが「互恵性」です。互恵性とは、自分が他者になにかしてあげたら、今度はその人からなにかをしてもらうことです。これは、先に他者からなにかをしてもらったら、という逆もしかりです。

ヒト以外の霊長類も、自分と他個体との関係が互恵的であるかについては敏感です。ニホンザルが群れでのんびりしている時、毛づくろいをしてあげている光景を見たことがある人も多いでしょう。あれはするだけの一方的なものではなく、次は自分がしてもらうことを期待しています。

しかし、人間のばあいは必ずしも、相手から直接的なお返しがなくてもかまわないのです。献血や寄付行為などがそれにあたります。ことわざにもあるように、情けは人のためならず、なのです。献血や寄付が成り立つのも、ヒトにはもともと他者を援助しようとする動機づけがあり、他者に分け与えることが自分にとっての喜びになるという仕組みが働いているからです。

それを実験でたしかめた研究があります。社会心理学のエリザベス・ダン先生らは、実験参加者に二〇ドルを渡してその日のうちに使い切るように伝えました。ただし、参加者たちの半分には自分のために使うように指示し、残り半分には他人のために使うように指示しました。同じことを、五ドルを渡す条件でもおこないました。すると、どちらの金額でも、自分のために使った参加者よりも他人のために使った参加者のほうが、一日を通じての幸福感が高かったことがわかりました。

また、米国ギャラップ社は、世界一三六カ国で、お金を寄付することによる幸福感について調査しました。その結果、もっとも貧しい国を含む一二〇もの国で、他者にお金を寄付すると幸福感が高まることがわかりました。この結果から、自分の経済状況や寄付をする習慣などには関係なく、他者に与えるということそのものに幸せを感じるということがわかります。

人間が生まれながらに持っているメカニズムであれば、幼い子どもであっても同じ結果となるでしょう。ダン先生らは、二歳よりも小さい子どもにお菓子をあげて、それを子ども自身がもらった時と、もらってからぬいぐるみの人形に分けてあげた時とで比べてみました。すると、自分がもらった時よりも、ぬいぐるみの人形に分けてあげた時のほうが喜んでいることがわかりました。ほんの小さな子どもであっても、自分の資源を他者に分け与えることは楽しいのです。

先ほど、あるタカラジェンヌのお父さんのお話をしました。家族でも親戚でもない赤の他人である娘をファンの人たちはなぜそんなに熱心に応援してくれるのか、ちょっと不思議そうだったそのお父さんに、「他人のためになにかをすることは大きな喜びとなるのが、人間の持っている性質だからです」と説明したら納得していただけたでしょうか。

「推し」に自分の時間や労力、時にお金をつぎこんで、直接的な見返りがあるわけではありません。けれどそんなことはまったく問題ではないのです。そうすることが人間としての幸せであり、その行為だけでもう十分な見返りをもらっているのですから。

つまり、情けは「推し」のためならず、自分の幸福のためなのです。時に行きすぎた「推し活」からふと我に返り、なんの見返りもないのに無駄なことをした……とむなしくなったり、自己嫌悪に陥るようなことがあるかもしれません。そんな時はぜひ、いやそんなことはない、私は人間としての幸福を享受していたんだ！と思いなおしてみてください。

未来の同好たちへ伝える想い

「推し」への援助の興味深い事例として、クラウドファンディングなどのプロジェクトがあります。

育成ゲームのところで紹介した『刀剣乱舞―ONLINE―』というゲームには、名刀として伝わる日本刀が、人間の男性に擬人化されたキャラクターとして登場します。このゲームの熱心なファンたちは、ゲームのなかのキャラクターばかりでなく、そのキャラクターのモデルとなった刀剣自体にも愛好心を向けました。それまでは年配男性が中心だった刀剣文化の世界に多くの女性たちが参入し、新たな局面を開拓したともいわれています。

二〇一五年にゲームが配信されて以降、日本各地の美術館などにひっそりと展示されていた刀剣を鑑賞するために、多くのファンが出向くようになりました。刀剣に関する専門的な書籍が急に何十万部も売れました。二〇一八年の秋には、京都国立博物館で国宝や重要文化財の刀剣が一堂に会する特別展『京のかたな』が開催されました。同展は京都国立博物館の一二〇年間の歴史ではじめての大規模な刀剣展です。この企画を後押ししたのが、ゲームの熱心なファンによる刀剣文化の隆盛だったのです。

私がこの特別展を鑑賞しにいったのは平日の昼間でしたが、それでもかなり多くの人で入場するだけでも長い行列ができていました。年配の方だけでなくゲームのファンらしき女性たちもたくさんいて、とても熱心に刀剣を眺めていました。なかでも展示の目玉とされる名刀には、専用の順路が設定されており、まさに十重二十重に見物客がとりかこんでいてブームのすごさを物語っていました。

ちなみに、この特別展でも美術館でよくある「音声ガイド」の装置が貸し出されていたのですが、通常のバージョン以外に『刀剣乱舞―ONLINE―』のゲームに登場する刀役の声優さんたちによる特別バージョンがありました。貸し出しブースでしばらく観察していたところ、特別バージョンは通常の二倍くらいの需要がありました。耳元で「推し」の声が「推し」の刀を解説してくれるなんて、ファンにとっては夢のような体験でしょう。

刀剣とゲームに関連したクラウドファンディングの動きは、ゲームが配信された二〇一五年からすでに見られます。ゲームに登場するある名刀は戦後、行方がわからなくなっていました。そこで、その刀を復元しようという刀工がクラウドファンディングを立ちあげました。すると、これを知ったゲームの熱心なファンたちは「推し」が復元される計画に貢献できる！と大いに盛りあがり、たった五時間で目標の五五〇〇万円を達成、最終的には三〇〇〇〇人以上の支援者と四五〇〇万円以上の資金が集まったのです。

これをきっかけに、ほかの刀剣に関するクラウドファンディングや復元プロジェクト、また刀剣を所蔵する美術館への寄付などが活発になります。このゲームを愛好するファンたちはゲームを端緒として、いまや刀剣文化と刀剣業界そのものも「推し」として支援をしているのです。

永青《えいせい》文庫美術館副館長の橋本麻里さんは、そのようなファンたちの動きについて「自分にとって大切なジャンル全体を、持続可能なものとして未来にわたって支えようという志向が、集団の中で確かに共有されているように思える」としています。これらの事例からは、「推し」を個人のものとしてとらえず、大きな文化のなかで大切に育んでいくものとして見る、新たな「推し」のかたちが見えてきます。そこには、未来にもきっといるであろう同好の士に「推し」を伝えていきたい、というはるかな展望すら感じます。

いまはまだ見えない「未来」について、他者とともに想いを馳せること。実はこれができるのも、人間だけが持っている重要なこころの働きです。次の章では、未来を他者と共有することについて、プロジェクションと進化の話から考えてみます。

第四章　ヒトの知性とプロジェクション―未来―

「認知科学」ってナニ?

本書のテーマである「プロジェクション」は、認知科学という学問が母体です。でも、認知科学って、あまり知られていませんよね……。大学の学部や学科の名称になっていると学問の分野としてわかりやすいと思うのですが、認知科学の名称を掲げているところは多くありません。それどころか、大学で「認知科学」という講義があることすら珍しいくらいです。しかし、日本認知科学会の会員数は一二〇〇名あまりと、研究者は決して少なくはないのです。

では、認知科学っていったいどこで研究されているの?と疑問に思われることでしょう。実はその答えこそ、認知科学という学問をよくあらわしています。認知科学はおもに、情報科学・心理学・工学・言語学・哲学・物理学・数学・教育学・経済学・神経科学などに関連する大学や研究所で研究されています。おもにって言ったのに多すぎでは!?と思われたかもしれません。そのとおり、認知科学はとても学際的な学問であることが大きな特徴なのです。

そんなにいろいろな分野から研究者が集まり、いったいなにを探究しているのでしょうか。「認知」とついているのだから、アタマのなかのなにか？　そうです、「こころの働き」とか「考え方」といったらよいでしょうか。こころは私やあなたなど、ある主体に存在します。しかし、ただ存在するだけでは、こころの働きや考え方は生まれません。そこになんらかの「情報」が入ることではじめて、働きや考え方が生まれます。そこで認知科学は、こころをめぐる情報の「流れ」に着目して、こころの働きや考え方について考えます。その研究のやり方に決まりはなく、さまざまな分野での方法論が用いられています。つまり、認知科学とは、こころの働きや考え方のプロセスやメカニズムにおける情報の流れを、学際的なアプローチで科学的に探る学問、というわけです。

などと書いてみましたが、認知科学とはなにか？という定義については、いろいろな先生がいろいろなことを言っています。そのひとりである鈴木宏昭先生は、定義をするということはある境界を決めることになる、として「認知科学はその定義を行わない」「認知科学というのは、何をやってもいいのだ」というパイオニアたちの考えに全面的に賛成しています（そういいながらも、鈴木先生は著書ではしっかりとわかりやすい定義を書いています)。

また、原田悦子先生は「日本の認知科学の『他にない特徴』の一つが、この『皆で面白く研究を楽しむ!』文化だ」と語っており、これは認知科学の雰囲気をよくあらわしていると思います。いうなれば、定義や特定の学問分野の方法などにこだわらず、こころに関するおもしろそうなことをどんどん研究していこう!というのが、認知科学です。

どうでしょう、なじみのなかった「認知科学」という学問について、少し興味を持っていただけましたか?

認知科学と双子の学問

こころに関する研究だとしたら、心理学と同じ(あるいはとても近い)と思われるかもしれません。実際、私もそうですが、認知科学の研究者に心理学者はたくさんいます。しかし、認知科学と双子の学問といわれているのは、実は「人工知能」の研究です。

先ほど、認知科学は、こころの働きや考え方のプロセスやメカニズムにおける情報の流れを学際的なアプローチで科学的に探る、と言いました。情報の流れ、というのは別の言い方をすると「情報処理」です。こころではどのように情報が処理されているのか、その問題について、コンピュータを誕生させた情報科学から画期的なアプローチがなされていたのです。

こころの働きや考え方とは、いわば「知性」です。人間の知性を、人工的なコンピュータになぞらえてみることを試みたのが、人工知能の研究者たちです。一九四五年に、現在に続くコンピュータの動作原理を提唱したジョン・フォン・ノイマンは、人間の脳とコンピュータは同じ枠組みで考えられるとしていました。一九五〇年代以降、実用化できるコンピュータが開発されると、人間の知性のひとつであった「計算」を自動的に遂行する機械は、いろいろな研究分野に大きな影響を与えます。コンピュータの情報処理は人間のこころの働きと似ている、という情報科学の視点は、ヒトの知性を人工的に作ることができればその仕組みや働きがわかるのではないか、という新しい研究アプローチを生みました。それが人工知能の研究・開発につながります。

知性に関わる情報処理について学際的なアプローチで研究する「認知科学」と、それを人工的に作ることでアプローチする「人工知能」研究は、コインの表と裏のように密接に関連しているのです。

「モデル」で考える情報の流れ

認知科学には、「モデル」や「モデル化」という言葉がよくでてきます。これはとても簡単にいえば、こころの働きや考え方に関する「情報の流れ」をわかりやすい図で示したものです。「モデル」は認知科学や研究だけで使われるものではありません。行政などでなにかの方針や展望を図で示しているのも「モデル」ですし、ビジネスの場での販売計画や広告効果などを図で示しているのも「モデル」です。

北原義典《よしのり》先生の説明によると認知科学では、事象を説明しやすくするための模式図のようなモデルと、数式や関数で示された事象がシミュレーションできるようにしたモデルが多く見られます。また、先ほどお話しした人工知能を作るという研究は、考え方や機能をかたちにして見せる、というタイプのモデルといえます。

さまざまな情報が「入力」され、主体で処理された結果が、運動や行動、課題の成績、生理反応などとして「出力」されます。認知科学のモデルは、主体が情報を処理するプロセスとメカニズムとして考えられることを図式化したものだといえます。これは、コンピュータにおける入力・演算・出力の形式とも共通していることがわかります。

本書では触れていませんが、プロジェクションに関しても、岡田浩之《ひろゆき》先生の研究グループが、プロジェクション現象を記述する生成モデルとして、数式や関数によるモデルを構築して提案しています。

そういえばずいぶん前ですが、人工知能学会に呼んでもらって話をしたことがあります。私のやっていた、高齢のサルを対象にした記憶の実験で、遂行過程の行動方略や認知方略を詳細に分析した研究についてでした。私はその頃、心理学一辺倒で、認知科学についてもよくわからず、ましてや人工知能学会にもほとんどつながりはなかったのですが、あらためて考えるとそれらの研究者の興味がよくわかります。

若いサルと高齢のサルには同じ情報が「入力」されるわけですが、「出力」される行動や成績はまるで違います。加齢にともなって記憶の能力は低下しているので、成績に違いがあるのは当然です。ところがおもしろいことに、そのような記憶の低下は高齢のサルが自発的にとるさまざまな行動によって補われているのです。サルのなかにいったいどんな情報処理のモデルがあるのか、それが加齢とともにどのように変化し、そして別の機能によってどのように補われているのか。出力された行動の詳細から、そのようなモデルのプロセスやメカニズムについて考えてみることは、人工知能の研究者にとって興味深く感じられたのかもしれません。なんといっても、人工知能は歳《とし》をとらないのですから。

あるいは、コンピュータによるシミュレーション研究などからはほど遠い、生身のサルとの泥くさく地道な行動実験と膨大なビデオ記録による行動観察などのアナログな分析がおもしろかったのでしょうか。たしかに、生半可なモデルでは説明できないような、突飛で複雑な行動をするのが生き物です。

生身の動物やヒトを対象に研究しているとたまに、プログラムで制御されているロボットは思ったとおりに動いていいなあ、などとうらやましくなります。たしかに産業用のロボットなどはそうでしょう。けれど、テレビで見るロボットコンテストや世界規模で開催されているロボカップで活躍するロボットでも、人間の思ったとおりには動いてくれない姿をよく見せています。

ある時、岡田先生に「なんでプログラムどおりに動かないのですかね?」と超素朴な疑問をぶつけてみたところ、「そりゃあ、現実世界はノイズだらけだから」とのこと。言われてみれば、そのとおりです。必要な情報が入力される時にも、反応が外界に出力される時にも、現実世界は雑多な情報であふれています。生き物が示すさまざまな行動や、ロボットの予想外の動きなどは、膨大な情報であふれたこの世界と主体がどのように関わっているのかを考える材料になります。ノイズだらけの現実世界のなかで私たちのこころはどのように働いているのか、それを探ることはとてもエキサイティングで終わりのない冒険です。

人工知能（AI）とのつきあい方

急速に発展しているコンピュータ技術は、私たちの社会を大きく変化させています。なかでもＡＩ技術は、身近に感じられるもののひとつです。これまでは、小説や映画などで人間と同じかそれ以上の能力を持つロボットとして登場し、擬人化されることも多かったように思います。しかし、ＡＩというのは人間みたいでそうではないなにかではなく、日常でスマホを使ったり、仕事や勉強のためにパソコンで作業したり、写真を加工したり、ナビで案内してもらったりする技術の延長です。

岡田先生の研究グループでは、社会で活躍しているＡＩ技術とうまくつきあうために、「ＡＩリテラシー教育」を試みています。そこでまず大事なことは、「ＡＩが得意なことと苦手なことを知ること」、そして私たち人間が「科学的にデータを扱うための知恵をつけること」の両方がかけあわさることだとしています。

ＡＩ技術はそのまま人間にとってかわるものではありません。けれど、いま人間にとってなくてはならない技術として、常に身近にあることも現実です。どんな利点があって、どんな危険があるのか、ひとりひとりが考えてみなければならない時代になっているのかもしれません。

それを考える時に、認知科学や人工知能の研究からなにがわかってきたのか、どのようにそれがＡＩ技術として使われているのか、などについて見てみることは、ＡＩを知るうえできっと助けになるはずです。

これまでにない技術が発明されると、そのつど人間と社会は飛躍的に進歩してきたことは、歴史的にも明白です。そして、ヒトがヒトとして現在にいたる、長い進化の過程においても、それはまぎれもない事実です。次は、そんなヒトの進化とプロジェクションについて見ていきましょう。

プロジェクションとヒトの進化

え？「推し」と思って読んでいたのに、次は進化の話？ 驚かせてしまいすみませんが、もうちょっとおつきあいください。

こころの働きや考え方といった「知性」は、人間だけにあるものではありません。ペットを飼っている人、ゴミをだすとカラスに漁《あさ》られて困っている人、動物園や水族館でショーを観てすごいなあと思った人など、多くの人は動物にも当然、知性はあると思っているでしょう。ですから、知性を研究する認知科学のなかには「比較認知科学」という（とてもマイナーな）分野があります。私は大学で心理学科に入学し、大学院で心理学を専攻し、こころのなかでも特に知性に関することを研究してきました。しかし、先ほども少しお話ししたように、私が知性を研究するにあたって対象としたのは、人間ではなく動物でした。ひょんなめぐりあわせから、大学時代はネズミ、大学院生とポスドク時代はサルが私の研究パートナーとなりました。比較認知科学は、ヒトを含めたさまざまな動物の行動や認知能力を比較することにより、知性とはなにかを考えます。

比較認知科学では、人間だけが特別にほかの動物よりもすぐれた知性を持つ存在であるとはとらえません。なぜなら、長い進化の過程ですべての動物たちは、それぞれの生息する環境に適応するよう特殊化してきた、特別な存在だからです。ではいったい、人間の特別なところとはなんなのでしょう。言葉を話せること？　道具を使えること？　いえいえ、それだけならばほかの動物でも可能です。

比較認知科学とは、ヒトの独自性と進化の過程をあきらかにし、生物としてのヒトの知性を理解しようとする学問でもあります。はたして人間は、言葉や道具で「なにをしてきたのか」？　何万年もの時間を遡って、ほんの少しですがのぞいてみます。

「人間とはなにか」……そんな壮大な疑問に、ここからはちょっとだけ、プロジェクションと進化を切り口にして挑んでみましょう。

なぜ私たちだけが生き残ったのか？

私たちはつい、いま生きているヒト（ホモ・サピエンス）だけが地球上に誕生した唯一の人類のように思ってしまうかもしれません。しかし、進化の過程において登場した人類とは、サピエンスだけではないのです。ではなぜ、サピエンスだけが生き残ることができたのでしょう。

約四四〇万年前に生息していたラミダス猿人（アルディピテクス・ラミダス）は、二足歩行をしはじめた最初の人類であるとされています。有名な化石人類「ルーシー」は、三七〇万〜三〇〇万年前に生息していたアウストラロピテクス・アファレンシスです。彼らはアフリカ東部の草原で生きるにはか弱い存在でしたが、十数人程度の集団で行動することで、厳しい環境下でも生き延びることができたと考えられています。

私たち現生人類が属するホモ属は、約二四〇万〜一六〇万年前に生息していたホモ・ハビリスにはじまるとされています。ハビリスは石器を発明しました。続いて、約一八〇万年前にあらわれたのがホモ・エレクトスです。彼らはハビリスの石器をさらに改良させた握り斧《おの》のような石器を開発し、木を削って槍《やり》のように加工することができました。そして、人類は狩りをはじめたのです。

ホモ・エレクトスの一部の集団は約一八〇万年前にアフリカをでて、世界各地に居住域を広げていきます。遠く東南アジアや中国まで到達し、ジャワ原人や北京《ペキン》原人として知られているのは、エレクトスです。エレクトスは地域によっては、約五万年前まで生息していたとされています。

アフリカに残ったホモ・エレクトスから誕生した新たな人類が、約六〇万〜二〇万年前に生息していたホモ・ハイデルベルゲンシスです。彼らの一部が五〇万年前頃、ユーラシア各地に進出していきました。ヨーロッパなど、アフリカとはかなり異なる環境に長い時間をかけて適応し、約三〇万年前にはネアンデルタール人（ホモ・ネアンデルタレンシス）に進化したと考えられています。

一方で、アフリカにとどまったホモ・ハイデルベルゲンシスを祖先とし、約二〇万年前に誕生したのが、私たちホモ・サピエンスです。ネアンデルタール人とサピエンスは、ハイデルベルゲンシスという共通祖先から進化の途中で枝分かれした者同士、約四万年前まで同時に生息していました。

前置きが長くなってしまいました。ここで、先ほどの問いがでてくるのです。サピエンスも七万～五万年前にアフリカから世界の各地に進出しています。ネアンデルタール人とサピエンスは、ユーラシア大陸のなかで出会っていたことも判明しています。ではなぜ、少なくとも数千年間は同じような場所で生きていたネアンデルタール人は絶滅し、サピエンスだけが現在まで生き残って、こんなにも繁栄することができたのでしょう？

それは、仲間との協力による大きな集団の形成と維持にあるといわれています。私はその過程に、プロジェクションの働きが大きく関与していると考えています。

この章の後半では、数万年前の私たちにも見られるプロジェクションにおつきあいください。最古の彫刻とされる「ライオンマン」と、サピエンスが成し遂げた「古代の大航海」を材料にして、ヒトの進化について考えてみます。幻をかたどった彫刻と命をかけた航海には、いったいどんなプロジェクションがあったのでしょうか？　そこに私たち、ホモ・サピエンスだけが持つ知性の重要なカギがあるのです。

最古の彫刻「ライオンマン」

「ライオンマン（獅子《し》頭《し》の小立像）」とは、ドイツのホーレンシュタイン・シュターデル洞窟から出土した約三万二〇〇〇年前のものと見られる動物形象の彫刻です。いわゆる彫刻として知られる最古のもののひとつとされています。この彫像は、頭部がライオンで身体は直立したヒト型であり、半獣半人のモチーフが見られるフランスのラスコー洞窟やショーヴェ洞窟の壁画などといくつかの共通点を持っています。このような半獣半人のモチーフは現実には存在しないと考えられることから、これらは空想による物語や宗教の起源としても着目されてきました。

マンモスの牙でできた三〇センチほどの「ライオンマン」は、洞窟で暮らしていた集団のなかで所有されていたものと思われます。だとすれば、現実には存在しない想像上の形象が、個人だけではなく集団という他者とともに保持されていたことになります。これは第二章や第三章でお話ししてきた、プロジェクションの共有にほかなりません。

ライオンとも人間ともつかない幻獣という表象を、彫刻という対象に投射してかたちづくったものが「ライオンマン」です。それが一個人のプロジェクションにとどまらず他者の共感をよび、集団のなかで大切にされてきたのでしょう。ではなぜ、そのような想像上の表象が大切にされたのでしょうか？

そこには、宗教の萌芽《ほうが》が見てとれます。現実にはいないもの、すなわち自然を超越した存在として「ライオンマン」をとらえていたならば、この彫像に自分たちを自然から「守ってくれるもの」という投射をしていたとしても不思議ではありません。この頃のサピエンスにとって自然とは、恵みをもたらすいっぽう、自分たちの生命を常におびやかす大きな脅威でもありました。自分たちと自然と、いずれをも超えた存在を想像することは、日々の未知なる恐怖に立ち向かうための力になったことでしょう。その想像が、たとえば「ライオンマン」というかたちとなってあらわれた時、個人それぞれの持っているイメージはそこに収束し、集団としての強いプロジェクションが可能になります。自分たちの想像上の存在は、自分たちを守ってくれるものとして目の前にある彫像に投射され、集団のなかに「実在」するのです。

人類にとっての「物語」と「虚構」

「ダンバー数」でも有名な進化心理学のロビン・ダンバー先生は、ヒトに特有の文化的側面として、宗教と物語のふたつをあげています。宗教と物語はいずれも、こころのなかにある仮想の世界に身をゆだねる必要があり、それは日常世界とは異なる別世界の存在を想像できなければ成り立たない、とダンバー先生は指摘します。だとすれば、三万年前のサピエンスがいまの私たちと同じように、なにかを想像し、なにかを信じ、なにかを投射して「ライオンマン」を作ったと考えることは、そんなにおかしいことではありません。

ダンバー先生は、サピエンスの洞窟壁画や彫刻について、興味深い仮説を提唱しています。

それは、洞窟の中に壁画や彫刻があるのは、そこを特別な場所として集団の結束を強めるためだったのではないかというものです。半獣半人の壁画や彫刻は、超自然的な存在の物語を生みます。そして、仲間たちと物語を共有することで、集団としての絆《きずな》をより強固なものにしたのではないかというのです。この仮説における「物語」とは、本書でいうプロジェクションであると考えると、サピエンスの進化に見られる集団の形成と維持には、プロジェクションの共有が強く関わっているといえます。

歴史学のユヴァル・ノア・ハラリ先生は、著書『サピエンス全史』において人類の進化について論じています。七万年前から三万年前のサピエンスに見られた認知的能力の革命的な変化について、ハラリ先生は「虚構」に着目しています。ハラリ先生は、ヒトの言語技能の比類なき特徴は、ただ情報を伝達する能力ではなく、まったく存在しないものについての情報を伝達する能力だとしています。たしかに、私たちは実際には見たこともないものについて、想像することで見たかのように語ることができます。ハラリ先生は「ライオンマン」を例にあげ、サピエンスの虚構について語る能力を指摘しました。

第二章の二次創作や仮説の支持におけるプロセスで見てきたように、虚構であってもその語りに説得力があれば、集団内の他者もその虚構を信じるようになります。ヒトの特徴的な言語能力、すなわち、まったく存在しないものについての情報を伝達できるという能力は、個人にとどまらず集団においても虚構を存続させることを可能にしました。ハラリ先生は、虚構を信じることが、大勢で柔軟に協力するという空前の能力をサピエンスに与えたと考えています。

この考えの「虚構を信じること」をプロジェクションととらえてみると、サピエンスの大規模な協力はプロジェクションの共有によるものであるといえます。集団において、あるプロジェクションが共有されているかぎり、それは社会のなかで力を持つことになります。たとえば、宗教や貨幣、国家などはそれにあたるでしょう。数字が書かれたただの紙切れに「価値」と「信頼」が投射されて、はじめて紙切れが「紙幣」になります。しかし、そのプロジェクションが共有されていない社会では、それは紙切れのままなのです。プロジェクションが共有されているからこそ、ヒトは実在的なつながりを超えた規模でまとまりを形成でき、宗教や貨幣、国家などという、ある意味で虚構のシステムをよりどころとして現実の社会で生活できるのです。

それでは次に、大人数での協力を可能にしているプロジェクションの働きについて考えてみましょう。

未知なるところを目指した古代の大航海

ホモ・サピエンスはアフリカをでてユーラシア大陸に進出すると、ヨーロッパだけではなく南シベリアや東南アジアにも拡散していきました。四万年前の地球では、現在よりも海面が八〇メートルほど低かったので、中東〜インド〜インドシナ半島の先にあるジャワ島やボルネオ島までは地続きだったのです。

ところが、それよりも東南にあるオーストラリアやニューギニアでも、サピエンスが生活していたことを示す遺跡が発見されています。サピエンスは何万年も前に、二〇〇キロメートル以上ある広大な海を渡り、その先にある陸地へ住む世界を広げていったことがわかります。

なぜサピエンスは、危険な大航海をしてでも「未知の場所」へ踏みだしていったのでしょうか? いま生活している場所で人口が増えすぎたため新天地を探す必要があった、気候の変化により食料が不足したため食べ物を求めて移動した、などいろいろな理由が考えられます。でも私が気になるのは、その時のサピエンスのこころです。死ぬかもしれないとわかっていながら、どうして知らない場所を目指すことができたのか? サピエンスの無謀とも思える行動の背景には、どんな心理があるのだろう? ここでは、プロジェクションの機能からそれについて考えてみます。

サピエンスがどのようにして海を渡ったのか、それを日本人のルーツとともに探る研究がなされています。サピエンスが日本に到着したルートは三つあるといわれています。ユーラシア大陸とまだ地続きだった北海道ルート、朝鮮半島から対岸に見える近距離にあった対馬ルート、そして中国と陸続きにあった台湾から大海原を渡る沖縄ルートです。なかでも沖縄ルートは、そのあいだに秒速二メートルともいわれる流れの速い黒潮が横切っているため、古代の航海は極めて難しいと見られていました。しかし、沖縄では三万五〇〇〇年前の遺跡が見つかっているので、やはりサピエンスは大航海を成し遂げていたと推測できます。

それを実証するために、人類進化学の海部《かいふ》陽介先生を中心とした実験考古学の研究プロジェクトが発足しました。私は子どもの頃に聞いた話のイメージとして、日本人の祖先とは、なにかの拍子に漂流してどこかの島に偶然たどりついた人たちなのかな、と思っていました。海部先生たちはまず、台湾とフィリピン沿岸の各地から衛星発信器付きの漂流ブイを何十個も流し、その軌跡データから海流の流れを分析しました。すると、台湾やフィリピンから流されたブイは漂流するだけではどうしても黒潮を越えることはできず、沖縄へは意図的な「航海」をしなければ着くことはできないことがわかりました。

そこから、今度は当時の材料と道具での舟造りと航海実験です。二〇一六年の草束舟《くさたばぶね》での実験が失敗、二〇一七年の竹筏舟《たけいかだぶね》での実験も失敗に終わりました。しかし、二〇一九年の丸木舟では、台湾から二二五キロメートルの海原を四五時間かけて漕ぎ、沖縄・与那国島《よなぐにじま》へ到着しました。実験は見事に成功したのです。三万年以上前のサピエンスが、大人数で協力して舟を造り、危険な大航海を経て、未知の場所への挑戦を成功させていたことが実証されました。

舟造りは、何十人もの協力が必要な時間のかかる大仕事です。航海も選ばれた数人が協力して全力で挑む危険な大仕事です。古代の大航海は、舟に乗る人々と舟を送りだす人々による集団での一大事業なのです。

与那国島は、台湾の高い山の上から、気象と季節の条件が整った時のみ見えることがあるそうです。かつてそのように、はるかかなたの島影を見た人が、ともに暮らす仲間にそれを伝えたのかもしれません。ところが、台湾沿岸から与那国島を目視することはできません。生活をしている場所からは、目の前に果てしなく広がる大海原しか見えず、舟を漕ぎだしても見えるものは海ばかりです。にもかかわらず、この海の向こうには島があると思うこと、それは虚投射です。それをひとりではなく、ある集団で考えていたのですから、それは虚投射の共有です。

さらによく考えてみると、投射して共有されていることは、見えない島だけではないことに気がつきます。なんのために島を夢みるのか？　彼らが見ているのは、新しい島での新しい生活です。つまり、この集団で共有されているプロジェクションとは、まだ見ぬ島に行けばより良い生活ができるだろう、という「希望」と「未来」なのです。

太古の人々は、なぜ見えない島を目指したのか？　研究プロジェクトの海部先生は問います。答えは、未知なるものへの好奇心、挑戦する気持ち、己の使命感……いろいろあると思いますが、私は、三万年前の彼らがプロジェクションによって希望と未来を共有していたから、と考えています。

道具の製作とプロジェクション

ホモ・サピエンスは石器で道具を作り、狩りをしました。狩りは集団で役割を分担すると効率が良くなります。目の前にいる獲物を対象に、他者と目標を同じくして協力することで、サピエンスは大きな獲物でも手に入れることができるようになりました。しかし、目の前に目標がある狩りのような協力ならば、ライオンやリカオンなどほかの動物や、ネアンデルタール人にも見られます。見えない目標に向かって集団で舟を造って海を渡る、というようなサピエンスだけに見られる協力は、狩りのそれと質が違うと考えたほうがよさそうです。

認知科学の川合伸幸先生は、プロジェクションは道具の製作を下支えする認知能力であったと考えています。ネアンデルタール人も道具を製作・使用していましたが、サピエンスの作る道具は、はるかに複雑な工程を要する繊細なものでした。たとえば、サピエンスが少なくとも三万二〇〇〇年前には作っていた、縫針がそれにあたります。道具の製作には、いま目の前にある材料（トナカイの骨など）に、完成形である別の表象（縫針）を重ね描きするというプロセスが不可欠です。製作過程は作業によって細かく変化しますから、そのつど表象を階層的に組み合わせなければなりません。

縫針の発明は、サピエンスが零下五〇度にもなるシベリアへも進出する助けとなりました。縫針のおかげで、毛皮を隙間なく縫い合わせて寒さを防ぐ衣服を作ることができたからです。東ティモールの四万年前の遺跡から見つかった釣り針も同様です。釣り針の発明で、目の前には見えない海中の魚を目標として、陸地の沿岸からだけでは獲《と》れないものを手に入れることができるようになったのです。道具の製作過程に見られるような、階層的な表象を現実の対象に重ね合わせる認知技能が、社会で共有されて伝承されてきたからこそ、サピエンスは現在まで生存できたのだと考えられます。

神経科学の入來《いりき》篤史《あつし》先生は、ヒトの知性がさまざまな土地への移住を可能にした、という一方的な因果関係ではとらえていません。移住する棲息様式（異環境への能動的な適応）と知性の発現が相補的に適応共進化したと考えています。そのメカニズムとして、環境―認知―脳神経の三つの要素が相互作用しながら拡大するという「三元ニッチ構築」を提唱し、この脳内情報の処理過程がプロジェクションではないかと指摘しています。

道具の製作や使用には、先ほどの針の例のように表象の投射が必須です。そして、その道具がまた新たな目的の発見や次の道具の発明をうながしたことでしょう。第五章で詳しくお話ししますが、プロジェクションによる道具の使用が脳神経の活性をも変化させることを入來先生はあきらかにしています。ヒト以外の霊長類も研究対象としてきた入來先生は、プロジェクションの萌芽はほかの動物にもあるとしつつ、それを明示的に自在に操る能力を獲得したのはヒトのみであり、それがサピエンスにおける類を見ない生息域の拡散と文明環境の構築を導いたのではないかと考えています。

現代人であっても石器製作の習得には一五〇～三〇〇時間もかかるといわれています。川合先生は、このような技能の獲得において「いま・そこにない」目標を設定して他者と共有するというプロジェクションの働きがなければ、ホモ・サピエンスは絶滅していただろう、といいます。

はるかな未来への働きかけ

「いま・そこにない」目標とは、古代の大航海における見えない島であり、島での新しい生活であり、すなわち未来です。プロジェクションという機能が、人間において「いま・ここにある」ことだけでなく「いま・そこにない」未来をも、他者と共有することを可能にしたのです。これはほかの動物やネアンデルタール人にはなかった、ホモ・サピエンスの特徴であり、知性だといえるでしょう。

「いま・そこにない」ことをイメージできること、それを他者とも共有できることは、知性が具象のみの世界から飛躍し、抽象的な世界へ踏みだしたことを意味します。目の前に実在するモノだけの世界は有限です。しかし、「いま・そこにない」ことならばかぎりはありません。ヒトの知性の特徴である思考の抽象性や階層性にも、プロジェクションというこころの働きは強く関わっていると考えられるのです。

ここまでの話からさらに二万年ほど時間が経ち、ヒトは集団での農耕をはじめます。それは狩りの比でない、大規模な協力と分担を必要とします。「いま・そこにない」もっとたくさん実るであろうコムギや、それらがもたらすであろう豊かな生活を、「いま・ここにある」コムギに投射し、それを集団で共有できるからこそ、収穫という目標に向かって各自が個別の作業を分担し、大人数で協力することができるのです。

何万年という長い時間のなかで、幾度となく見られるホモ・サピエンスの知性の飛躍を支えたのは、プロジェクションの機能と、それによる集団での未来の共有であると私は考えています。

ヒトがプロジェクションできる「未来」とはいったいどのくらい先までなのでしょう。動物でも、先の時間は想定できます。しかし、私たち人間が考える時間には、かぎりがありません。自分の生きている時間の範囲を超えて、次の世代やそれ以降についてなにかを考えたり行動したりすることは、ヒトにしかない知性です。

二〇一五年の国連サミットで採択されたSDGsは、二〇三〇年までに持続可能でより良い世界を目指す国際目標です。これはほんの一五年分の問題ではありません。このずっと先に続いてゆく人間、社会、世界、環境について考えたうえでの目標です。これはヒトが、国連加盟の一九三カ国で地球規模の未来の共有をしている一例です。

何万年も前のホモ・サピエンスがプロジェクションした未来が、現在の私たちに続いています。どうかその歩みをとめないよう、いまいちどヒトの知性について考えてみることもいいかもしれません。

第五章　とびだす心、ひろがる身体―拡張―

「推し」とぬいぐるみ

ゼミの卒業生と久しぶりに会った時に「先生、一緒に写真を撮りましょう」と言われました。その時、カメラの前に立つ私と一緒にポーズをとったのは、卒業生ではなく彼女の「推し」をかたどった人形たちでした。小さいながらすてきな衣装を着て記念の写真におさまるのは、おしゃれな彼女自身ではないのです。

キャラクターを模した「ぬいぐるみ（ぬい）」や、アクリル板にキャラクターのイラストや写真が印刷された「アクリルキーホルダー（アクキー）」「アクリルスタンド（アクスタ）」、キャラクターをかたどった立体的な人形である「フィギュア」などは、熱心なファンたちが持っている代表的なグッズです。最近では、アニメやマンガ、ゲームなどのキャラクターだけでなく、アイドルやアーティストもアクスタをだすようになり、「推し活」におけるそれらの需要の大きさがわかります。

これらのグッズ（本章ではまとめて「ぬい」と表現します）にまつわる「推し活」は、プロジェクションによって拡張する自己の世界をとてもよく表現しています。本章の前半では、「ぬい」に投射される自己の世界を見ることで、自分の身体を超えてとびだしていく自己について考えてみましょう。

インターネット上のいろいろなサイトには、「推し」のぬいを撮影した写真がとてもたくさんあります。ぬいを対象に写真を撮ることや、ぬいを対象にして撮られた写真などは「ぬい撮り」と呼ばれ、「推し活」のなかでもメジャーなもののひとつです。

「ぬい撮り」は、ミニチュアのジオラマなどを背景にポーズをとっているもの、仲間のぬいとともに物語のように連なるもの、オリジナルの衣装を作って着せているものなど、その内容もさまざまです。これらの写真は、いうなればアイドルの「グラビア」と同じです。

そしてもうひとつ、「ぬい撮り」の内容として多いものは、ぬいの持ち主が行った先々で、「記念写真」のように撮られているぬいの姿です。先ほどの私と卒業生のぬいたちの写真はこれにあたります。

「推し」に関わる活動として、熱心なファンは国内・海外を問わずいろいろなところへ旅行することも珍しくありません。ぬいを持っている熱心なファンのなかには、そのように「遠征」する時に、ぬいを一緒に連れていく人もいます。「推し」にまつわる場所をめぐり（このようなコンテンツ・ツーリズムをファンたちは「聖地巡礼」といいます）、ここぞというところで「推し」のぬいをフレームに入れて写真を撮ります。舞台やコンサートであれば、会場の入り口や看板の前で、自分ではなくぬいの写真を撮ります。

記念写真は、なにも特別な時だけに撮られるわけではありません。カフェでおいしいスイーツを食べた、散歩中の景色がきれいだった、といった日常の何気ない出来事を写真で残そうと思った時、ぬいが一緒に写されます。そしてその多くは、SNSでシェアされます。

ぬいの写真、これはそれ自体が「ぬい撮り」というひとつのジャンルにもなっています。そのなかでも、先ほど例にあげたような記念写真的な撮影には、プロジェクションが見てとれます。「推し」をかたどったぬいに投射されるのは、このばあい「推し」の表象だけではありません。聖地巡礼の楽しさや舞台やコンサートのワクワク感、おいしいものやきれいな景色に感動している自分も、ぬいに投射されているのです。

つまり、ぬいの記念写真は、自分の記念写真でもあるのです。だったら自撮りをすればいいのでは？という考えもありますが、「推し」という自分が好きな対象と自分の感動をわかちあいたいという想いは、「ぬい撮り」でないとかないません。また、ぬいが写っていれば、SNSなどで公開した時にぬいを介して、ぬい仲間と感動をわかちあうこともできます。

「推し」のぬいはプロジェクションによって、自分の大切な思い出をわかちあい、記憶や記録に残すツールとして活用されているといえます。自分は写らなくとも、自分の世界を誰かとシェアするプラットフォームになるものが、「推し」のぬいなのです。私は先ほどの卒業生の「推し」のぬいと一緒に撮った写真を、彼女と一緒に撮った写真だと思って大切にしています。これは私にとってのプロジェクションだといえるでしょう。

ひとりだけど、ひとりじゃない

ぬいを連れて一緒にお出かけをする、そのようにぬいとの「コミュニケーション」を楽しむ人たちもいます。いつも友人とともに「推し活」をしていたけれど、ある時、誰も都合がつかなかったので、ふと目についたぬいを連れていってみたら思いのほか楽しかった、という話を聞きました。聖地をめぐって「ここだね！」と言ってみたり、そこで記念写真を撮ったり、「推し」とゆかりのあるものを食べて「おいしいね！」と言ってみたり、また写真を撮ってみたり。いずれもひとりごとのようにつぶやくだけですが、そこにぬいがいれば、それはひとりごとではないのです。まるで誰かと一緒に出かけているように、景色や食事を楽しんでいます。

実際、他者と一緒に食事をすると、食事量が増えたり食事をおいしいと感じます。このように他者が人間の食行動に影響を与えることは、食の社会的促進としてさまざまな研究がなされています。この社会的促進には、他者とのコミュニケーションや社会的な関係が重要という前提によって、実在する他者を想定して考えられてきました。しかし驚くことに、実在しない他者であってもこの社会的促進が起こるのです。

認知科学の中田《なかた》龍三郎先生と川合伸幸先生は、鏡の前でポップコーンを食べてもらうという実験をしました。すると、自分も含めて誰も映っていないモニターを前に食べた時よりも、自分が映っている鏡を前にして食べた時のほうが、ポップコーンをおいしいと感じていて、食べる量も増えていたことがわかりました。人間はもともと、他者の存在を感じる傾向が強いので、たとえ鏡に映った自分であっても他者のようにとらえることがあります。実際には他者がいないことはわかっている状況であっても、自分の一部を「心的な他者」として投射することで、他者が存在するかのような気持ちや行動があらわれるのだといえます。

ぬいとのお出かけを経験したことがある人からは、ひとりだったけどひとりではない感じだった、という感想をよく聞きます。一緒に出かけて話しかけられるぬいは、友人のように同じものが好きで、家族のように気やすく、自分の感動や思い出をわかちあえる仲間なのです。そんな誰にも代えがたいような存在、それはもうひとりの自分です。

ぬいに話しかけてコミュニケーションを楽しむこともプロジェクションです。ぬいぐるみは話しません。絶対に話すことはないぬいに、自分の内的世界を投射しているのです。たとえば、自分のなかの自分と対話するようなことは、誰にでも経験があるでしょう。ぬいとのやりとりは、内的世界の自分を外的世界のぬいぐるみに投射しているといえます。自分の主体とはあきらかに距離をとった存在として、外界の物理的な対象へ投射することで、自己の一部であっても自分から分離したかたちでとらえることができます。

サードマン現象と人工幽霊

ぬいぐるみへの投射は、自分でそうしようと思ってする意図的なものです。いっぽうで、人間は自分の一部を非意図的に外界へ投射することもあります。たとえば、遭難時のような極限状態で実在しない他者の存在を感じるといった「サードマン現象」などがそれにあたります。ただ存在を感じるだけのケースもあれば、励ましの言葉をかけられたり導かれたりするなどのコミュニケーションがあることもあります。そこに物理的には他者は存在しない状態なのですから、これは自分による働きかけです。それがこころのなかだけでおこなわれるのではなく、外的な存在を想定した投射というかたちであらわれたと考えられます。

このような現象は病的や特異的ではなく、ある条件が整えば一般的にも観察可能なものであると、認知科学の小野哲雄先生は指摘します。小野先生のグループは、感覚入力を著しく制限した状態で長時間の運動をおこなって疲労したところに、VR(バーチャルリアリティ)空間でデフォルメされた仮想身体を呈示する実験をおこないました。すると、体験した半数ほどの人が身体の喪失感を感じ、デフォルメされた仮想身体からの発話を内省的に受けとめていたことがわかりました。遭難時の心身の状態が再現され、そこに仮想的な外的存在が見えるような時、人間は意図しなくとも自分の一部をそこに投射してしまうのだといえます。だとすれば、ぬいぐるみへ意図的に投射をすることなど、わりと容易なことなのかもしれません。

ある表象が自分のなかで構成されていくにつれて、その表象がまるで外部に投射先を探しているかのような動的なメカニズムも考えられます。「推し」の表象(イメージ)が鮮明にあるからこそ、それをぬいに投射して表現することができるわけです。そこに動的なメカニズムがあるとすれば、鮮明なイメージがあるからこそ、そのイメージを具体的に表現する「グラビア」

のような写真を撮ってみたいというのは、とても自然な行為なのかもしれません。

先ほどのサードマン現象に見られるような非意図的な投射と同様に、なんと幽霊も人工的に作りだすことができるという実験があります。スイス連邦工科大学ローザンヌ校の研究チームは、目隠しと耳栓をして感覚を遮断した実験参加者に前方のアームを動かしてもらいました。参加者がアームを動かすのと同時に、参加者の背中を自動制御された別のアームが触れます。参加者が動かすアームと背中のアームの動きが同期している時には、参加者はなんの違和感も持たずに「背中を撫《な》でているのは自分の動きだ」と認識します。しかし、背中のアームの動きが自分の動きよりほんの少しでも遅れると突然、参加者は「幽霊に撫でられているような感覚」をおぼえます。つまり誰もいないはずの背後に、自分ではない不気味な存在を想定し、そこに自分ではない他者を投射してしまうのです。この実験では、恐怖のあまり実験を途中でやめた参加者もいたそうです。

動いているのは間違いなく自分なのですから、その動きも自分の一部なのに、動きが同期していないだけで、自分の主体とは距離のある外的な存在だと認識することがわかります。そして、そこに投射された自分の動きは自分であるとすら思えないのです。そうであれば、ぬいぐるみという外的存在に投射された自分を自分でないように感じ、まるで他者とのやりとりのようにコミュニケーションを楽しめるのも当然なのかもしれません。

イマジナリーコンパニオンと想像的なコミュニケーション

自分のなかのもうひとりの自分を相手にして、「推し」にまつわるあれこれをめぐることは、ある意味で最高のパートナーとのひとときでしょう。いつもそればかりでは物足りないこともあると思いますが、このように静かで満たされた「推し活」もいいものです。

ぬいと一緒にお出かけをするようなばあい、もうひとりの自分を投射されているぬいぐるみはある意味で、イマジナリーコンパニオン（空想の友達）にも似ています。イマジナリーコンパニオンとは、子どもが、名前や性格や視覚的な特徴のある空想の友達として、実在する友達のように思っている存在のことです。発達心理学の森口佑介先生によれば、イマジナリーコンパニオンがいる子どもといない子どもがいて、それは実行機能との関連があるそうです。イマジナリーコンパニオンがいるという子どもに、その友達について質問をすると、行動や外見についてとても具体的に答えます。もちろん、実在しない想像上の存在なのですから、それは子ども自身のある表象が投射された対象です。また、これらの傾向は、空想の「物体」を設定した時には生じなかったことから、他者（友達）という表象は無生物よりも投射がなされやすいと考えられます。

投射がなされやすいということであれば、たとえば、「パレイドリア」などはとても一般的な現象です。パレイドリアというのは、顔でないものを顔だと認識するような知覚のことです。自動車のフロント部分や（^_^）という記号を見た時に、顔のようだと感じるのは特殊な状況でだけ起こる錯視ではありません。本来、顔ではないものに顔が投射されてしまうのは、人間が社会に適応して行動していくために重要な機能であるとも考えられます。パレイドリアは人間だけでなくサルでも示されることがわかっており、人間以外の社会的な動物にもそのような機能があるといえます。

無機質な物体に顔のようなしるしがついているだけで、無生物でもなんとなく生物のように思えたりするのですから、顔情報に関する投射の影響力は大きいのです。もっとも、パレイドリア以前に、ぬいぐるみには最初から「顔」があるのですから、投射のなされやすさはいうまでもないでしょう。これまでのいろいろな例をふりかえると、プロジェクションのためにぬいぐるみがあるといっても過言ではないようにも思えてきます。

そういえば、私は子どもがまだおしゃべりをしないくらい小さな頃、ベビーカーに子どもを乗せて散歩をしたり買い物に出かけたりした時、よく話しかけていたことを思いだしました。

それこそ、ぬいに話しかける人たちのように、「花がきれいだね」「今日は寒いね」「これ、おいしそうだね」などの他愛もないことです。発達心理学的に考えれば子どもとの「会話」にはなりえないけれども、私は子どもと「会話をしながら」散歩や買い物を楽しんでいました。ですから、あれは私の子どもへのプロジェクションだったわけです。

そう考えると、自分の一部を外的世界の物理的な対象へ投射して、「想像的なコミュニケーション」をとることは、ぬいだけでなくほかにもいろいろな例があります。学生の頃、友人が「推し」の写真に「○○ちゃん、ダイエットがんばって！」と書いてある吹きだしをつけて、お菓子を食べたくなったら見ることにしていました。友人の頭のなかでは、「推し」の声でそのセリフが再生されていたことでしょう。いいアイディアだと感心したおぼえがあります。これもプロジェクションのなせるわざです。

ゼミ生の新井佳純さんとおこなった研究では、アイドルを「推し」とする女子大学生を対象に、「推し活」における「推し」への行動について詳細なインタビュー調査をしました。すると、「推し」とのあいだには実にさまざまなコミュニケーションがあることがわかりました。ライブなどで「推し」にうちわでアピールすることや、それによって「推し」からアクションされるファンサービス（ファンサ）、握手会やファンレターに対するSNSでのコメントなど、

「推し」との直接のやりとりばかりではありません。「推し」の誕生日にはケーキや花束を用意して本人不在の誕生日パーティをしたり、自分のSNSでのコメントをきっと「推し」は見てくれているに違いないと思ったり、アクスタを持ち歩いてお出かけをしたりする、「推し」との「想像的なコミュニケーション」も多くおこなっていました。

「推し」と想像的なコミュニケーションをとるためには、ただファンとして対象を享受するだけでなく、自分が能動的に「推し」に関わる過程が必要です。そこでプロジェクションの機能が発揮されると考えられます。そのコミュニケーションが「推し」に対する一方的なものなのか、思いこみを含めた「推し」との相互的なものなのかは、個人によってとらえ方は違いました。けれど共通していえることは、調査対象者の誰もがそのような想像的なコミュニケーションを楽しんでいたということです。

しかし、このようなことをまったくしない人にとっては、いま例にあげたような想像的なコミュニケーションはとても奇異なものに感じられるかもしれません。もっとも、想像的なコミュニケーションとは、「推し活」だけに見られるのではありません。誰もが簡単にイメージできる例は、「亡くなった人の写真に話しかける」ことなどではないでしょうか？　ドラマや映画などでよくあるシーンですし、身近なところでそうしている人がいるかもしれません。このような想像的なコミュニケーションであれば、ぬいぐるみに話しかけるよりは自然なこととしてとらえられるでしょう。けれどもそのメカニズムはぬいぐるみでも故人の写真でもまったく同じです。

どんなに話しかけても故人の写真は決して応えてはくれませんが、話しかけた人はなにかを応えてくれる／応えてくれたと思って話すのです。応えているのは自分であって自分でない、そう感じるのは人間がプロジェクションという機能を持っているからにほかなりません。故人への話しかけが遺族の「生きがい」となっているばあいもあるでしょう。そのようなプロジェクションが人間を救ってくれることもあるという例については、次の第六章で詳しく見ていくことにしましょう。

旅するぬいぐるみ

これまでの例は、ぬいの写真を撮ったり、ぬいと一緒に出かけたりして、ぬいが自分の近くに存在している状態でした。自分の世界は、投射される対象がそのように自分の近くに存在していないとプロジェクションできないのでしょうか？　いいえ、そんなことはありません。ここでは、自分という主体からはるか遠く離れた対象にも、自分の世界が投射されるという例について見ていきます。

「ぬいぐるみのお泊まり会」というのを知っていますか？　近年、全国各地の図書館でおこなわれている催しです。アメリカではじまった活動だそうですが、ここ数年で日本でも取り組みが増えています。昼間、子どもたちとぬいぐるみが一緒に図書館へ来て、絵本の朗読を聴いたりしてすごします。その後、閉館した図書館にぬいぐるみたちが残って、本を読むだけでなく探検したり遊んだりします。そこでは、書架を動かしてみたり機械の操作をしたり、ふだん図書館で子どもは体験できないようなこともやってみます。ぬいぐるみが自分でするわけではないので、職員らがいろいろ工夫しているわけです。そのような体験をしているぬいぐるみたちの写真が、ぬいぐるみの持ち主である子どもたちへリアルタイムに送られてきます。ひととおり楽しんだ後、ぬいぐるみたちはみんなで一緒に布団で眠ります。ぬいぐるみの持ち主である子どもたちは、写真を見ながら、自分のぬいぐるみがほかのぬいぐるみたちと友達になっているので嬉しくなったり、まるで自分が夜の図書館ですごしているようなワクワクした気持ちになっていることでしょう。

　子どもたちが、図書館にいるぬいぐるみと自分は一緒にいるかのような、さらには自分がぬいぐるみになって夜の図書館にいるかのような気持ちになっているのは、離れていても写真を通してさまざまな場面のぬいぐるみにプロジェクションができているからです。次の日、このお泊まり会の最後には、お迎えにきた持ち主の子どもへ「ぬいぐるみがキミのために選んだ」本を貸し出します。図書館側の目的は、本や図書館に親しんでもらうことです。一晩かけていつにもましてしっかりぬいぐるみにプロジェクションができている子どもは、ぬいぐるみが選んでくれた本を喜んで読むでしょうし、慣れ親しんだ気持ちになっている図書館にもまた来ようと思うでしょう。

このように手間のかかる催しがされるということは、直接、子どもに働きかけるよりも強い効果をもたらすからだと考えられます。プロジェクションによって自分の見える世界が広がった子どもには、このようなアプローチがとても印象深いものであるに違いありません。

さて、私たちが旅行をする時に、添乗員が同行するような旅行代理店のツアーを利用することがあります。なんと、ぬいぐるみをお客さんとした旅行代理店があるのです。その会社「ウナギトラベル」は二〇一〇年に東《あずま》園絵《そのえ》さんによって創業されました。これはぬいぐるみと人間が一緒に旅行するのではなく、ぬいぐるみだけが旅行をします。もちろん、ぬいぐるみは自分で動けませんから、添乗員が同行するツアーとして、国内だけでなく海外へも出かけていきます。訪れた場所では添乗員が写真を撮影してSNSにアップするので、ぬいぐるみの持ち主はそれをリアルタイムで確認することができます。

代表の東さんは、もともと自作したウナギのぬいぐるみをたくさん持っていました。それを自分の分身としてブログへだしているうちに、友人がぬいぐるみを旅行に連れていってくれました。すると自分のぬいぐるみが旅行している写真が届くようになり、それがとても新鮮な体験だったそうです。ぬいぐるみを自分の分身のように感じていた東さんは、自分のぬいぐるみが旅行をしている写真を見ることで、まるで自分が旅行をしているかのような気分になったのでしょう。このことから、はるか遠く離れたところにいる対象にも、自分を投射できるということがわかります。

自分の身体にとらわれず、遠く離れたところへも自分を投射することができるとしたら、自分の世界は身体の制約を超えて無限に広がることになります。たとえば、身体の障害があって行きたい場所への旅行ができなくても、仕事や子育て、介護などのために思うような旅行ができなくても、ぬいぐるみに自分を投射できれば、それが代わりに旅行をした体験をもたらしてくれるのです。ぬいぐるみを通して、自分は自分の身体をとびだし、行きたい場所や思うような旅行を味わうことになります。VRの装置などなくても、ぬいぐるみへのプロジェクションが仮想旅行を可能にしています。

このようなぬいぐるみのツアーには、思いがけないケースもありました（『AERA』二〇一四年一月二〇日号）。母親を事故で亡くした人が、母親の代わりとしてのぬいぐるみを用意して、生前できなかった旅行をさせました。母の死となかなか向きあうことができなかった持ち主でしたが、ぬいぐるみが旅行を楽しんでいる様子を見て、未来へ向かう気持ちになれたということです。また、うつ病で療養中の人が、お気に入りのぬいぐるみを旅行させました。人とコミュニケーションをとるのがつらくなっていたけれど、ぬいぐるみが旅行中に仲間たちとじゃれあいながら、ご飯を食べたりお風呂に入ったりしている様子を見て、自分もまた人と関わりたいと思えるようになり、職場復帰へのきっかけとなったそうです。

ぬいぐるみに投射されるのは、自分そのものだけではありません。自分にとって大切な誰かであったり、いまは失ってしまった自分であったりもします。そのようなプロジェクションは、自分では気がつかない自分の世界に、気づかせてくれる手がかりにもなるのです。自分から離れた対象であるからこそ、そこにプロジェクションがなされた時には俯瞰的な視点で自分を見ることが可能になるからです。それが自分を救うきっかけとなったのが、先ほどの母親の代わりのぬいぐるみやお気に入りのぬいぐるみのケースだといえます。ぬいぐるみに救われたといっても、プロジェクションをしているのは他でもない自分なのですから、人間が備えている前向きなエネルギーの底力を感じずにはいられません。

投射される関係性と思い出

持ち主にとって、こころのよりどころとなっているような大切なぬいぐるみも、時間を経て劣化します。そのようなぬいぐるみの修理や洗浄は、モノとはいってもただのモノとは大いに異なり、とても気を遣う作業になります。持ち主本人ですら、おいそれと手を入れることはできません。そんなぬいぐるみのために、「ぬいぐるみ病院」というものがあります。

ぬいぐるみ健康法人・もふもふ会ぬいぐるみ病院理事長の堀口こみちさんは、これまでに一万人以上のぬいぐるみ患者を診てきました。我が家にも、夫の思い入れの強いぬいぐるみがいるのですが、数年前からかなり状態が悪化しています。私はなにかのついでに移動するだけでも、もしなにかあったら……とヒヤヒヤしますので、ぬいぐるみ病院に行く人の気持ちはよくわかります。

持ち主たちの要望において、新品のように戻してほしいという人は実は少なく、いまの雰囲気のままで良い状態にしてほしいという人のほうが多いそうです。堀口さんの病院では、入院時に「もんしんひょう」として、ぬいぐるみが持ち主にとってどのような存在かを問います。

その答えは、本当に千差万別です。子ども、きょうだい、父、母、親友、癒やし、アイドル、夫婦の絆、こころの支え、代弁者、味方、安定剤、守り神、分身、命などなど。いずれにしても、かけがえのない大切な存在であることには違いありません。患者であるぬいぐるみには、単純に持ち主としての自分が投射されているわけではないのです。これまでの持ち主の人生におけるさまざまな場面でのぬいぐるみとの関係性や思い出が投射されています。ぬいぐるみ病院に持ちこまれたぬいぐるみを修理するということは、モノの修理だけにとどまりません。大切な存在との関係性や思い出を含めた、持ち主のこころのケアも重要になってくるといえます。

先ほどの図書館や旅行のぬいぐるみの例では、持ち主がぬいぐるみの様子をリアルタイムの写真で見られることが、プロジェクションがなされる重要な手がかりでもありました。しかし、ぬいぐるみ病院の患者の持ち主は、もはやそのような手がかりすら不要です。プロジェクションは常に強くなされていて、（少なくとも入院中は）リアルタイムの写真などなくても「いまはどうしているかな」「もう手術も終わって元気かな」「入院して寂しくないかな」などと四六時中、持ち主は想いを馳せていることでしょう。ぬいぐるみはモノだから寂しいとか感じない、というような次元の話ではないのです。

これと似たようなプロジェクションにはどんなものがあるでしょうか？　たとえば、形見などはそれにあたると考えられます。ほかの人には「ただの○○」としてのモノが、ある人にとっては「形見の○○」となることがあります。実際のモノにはなんの変化もないのに、ある人にとって○○の価値は激変します。

どんなに量産型のモノであっても、形見に代替品はありません。そこには、ぬいぐるみ患者と持ち主のあいだにあるような、故人とある人の強い関係性と思い出が投射されているのです。形見となったモノは大切にあつかわれ、時に故人の代わりとして撫でられたり拝まれたり話しかけられたりするかもしれません。それも、故人との関係性や思い出がプロジェクションされているがゆえの行為なのです。

ほかに、こんな例もあります。「推し」のライブから持ち帰ってきた銀テープの切れ端（銀テ）などは、知らない人が見たらただのゴミのように見えるものです。けれど、熱心なファンにとっては「推し」との関係性やライブの思い出などが投射されたとても大切なものです。銀テをキーホルダーにして保管したり、銀テを飾ったりするためのグッズがたくさんあることからも、ファンにとっての重要性がよくわかります。これも、入院するぬいぐるみや形見などと同じく、関係性と思い出のプロジェクションのひとつなのです。

亡くなった人とすごした時間は二度と戻らないように、「推し」のライブもその場かぎりの体験です。けれど、手元にある銀テを見れば、「推し」へのあふれる想いやライブでのめくるめく感動が蘇《よみがえ》ってくるのですから、銀テはもはや「推し」のライブの形見、といえるのかもしれません。

身体は簡単に拡張する

本章の前半では、ぬいぐるみなどのモノに対するプロジェクションから、自己の内的世界が身体を超えてとびだしていく現象について考えました。後半では、さまざまなモノを介したプロジェクションによって、自己の身体が拡がっていくことについて見ていきましょう。

車の運転ができる人は、はじめて実際の道路にでて自動車を運転した頃のことを思いだしてください。いまは、道路での車同士のすれ違いやパーキングで駐車することなど、なんの苦もなくできているとしても、最初はそういかなかったはずです。それはもちろん、車を運転する技術がおぼつかなかったこともありますが、いわゆる車幅感覚というものがつかめていなかったことも大きいでしょう。一車線の道路で対向車が来たら、この車はこれくらいの大きさだからこの場所ですれ違いはできるとか、この車はこれくらいハンドルを切ったらこのくらい曲がれるといったような車幅感覚とは、いわば車に合わせた自分の身体感覚です。それがわからないうちは、車同士のすれ違いや車庫入れは怖くてたまりません。けれど、その感覚がしっかりできてくると、車をまるで自分の身体そのもののようにスムーズに動かすことができます。そうであれば、運転者の身体は乗っている車の大きさに合わせて拡張していると考えることができます。

たとえば、ゲームセンターのクレーンゲームで「推し」のグッズを取ろうとしている時、動くアームに自分の身体は拡張しています。川や海で釣りをしている時、長い竿《さお》と糸の先にある釣り針にまで、身体は拡張しています。工事現場でとても大きな重機を操って作業をしているオペレータなどは、人間の身体とはまったく異なる形態や動きの重機を自在に動かします。彼らの身体は、重機の形態や動きに合わせて拡張しているのです。

いずれにしてもそれなりの訓練や経験が必要ではありますが、人間の身体は自分の身体そのものを超えて、わりと簡単に拡張することがわかっていただけたかと思います。それが可能であるのは、自分の身体の代わりとなるもの（車やアームや釣り針など）に自分のボディイメージを投射しているからです。身体の表象が自分の内部にあり、それが外的世界の対象に投射されるというプロジェクションの基本的な仕組みによって、私たちはさまざまなものを自分の身体のように感じ、操作し、考えることができるのです。

プロジェクションによって拡張した身体は、脳内でも自分の身体と同じように認識されています。機械のアームが自分の手ではないとわかっている一方で、手を動かす脳の働きとしては、アームは自分の手と同じようにとらえられて動かされているのです。

それをサルでたしかめた研究があります。サルは一般的には道具を使用しませんが、神経科学の入來篤史先生は、特殊な訓練をすれば二週間ほどでサルが道具を使えるようになることを報告しました。入來先生は、熊手のような道具を使って遠くにおいてある餌を引き寄せて取ることができるよう、サルを訓練しました。ちなみに、入來先生がこの道具を思いついたのは、カジノのディーラーがレーキと呼ばれる道具を使ってチップを自在に捌《さば》いているところからだそうです。

最終的にサルは、熊手が自分の手であるかのように器用に使いこなせるようになります。人間が機械のアームを使いこなして自分の手のように感じるのと同じように、この時、サルも熊手を自分の手のように感じていると考えられます。入來先生たちはそれをたしかめるために、サルの脳活動を計測しました。自分の手に対する刺激に反応するニューロンに着目し、その活動を調べたのです。すると訓練の初期には、そのニューロンは自分の手には反応するけれど、手に握られた熊手にはまったく反応しませんでした。しかし、訓練が終わり、サルが熊手を自在に使えるようになったら、自分の手に反応するニューロンが熊手にも同じように反応していることがわかりました。

このことから、脳内の神経細胞では熊手はサルの手と認識されているといえます。おもしろいことにこのニューロンの反応は、餌がなくただ熊手を握った時には起こりません。餌を取るために熊手を使った時だけ、熊手にも自分の手と同じように反応します。動作の目的と身体の拡張は連動していることがわかります。熊手はいつもサルの手になっているのではなく、餌を取るという目的のために自分の手としてプロジェクションされているということです。このように、身体の表象は道具の使用によってダイナミックに変化し、そこに見られる身体拡張のプロジェクションは脳神経のレベルでもとらえることができるのです。

偽物の手が自分の手になる

先ほどの例は、使用している道具が自分の手のように感じられるという身体の拡張でした。今度は、偽物の手が自分の手のように感じられるという現象について見ていきましょう。

触覚や体性感覚、内臓感覚などの内在性感覚情報は、自分以外に感じることはできません。それは逆にいえば、そのような内在性感覚を感じられるのは、自分の身体であるということになります。そこで、自分の内在性感覚と同期するような外部からの刺激をともなう物体を呈示するという特殊な状況を設定します。すると、自分の身体ではない物体に対して、それが自分の身体であるような錯覚が起こります。その代表例が「ラバーハンド錯覚」です。

ラバーハンド錯覚の実験を説明しましょう。実験参加者には、机の上に左腕をだしておいてもらいます。その左腕は衝立《ついたて》で隠して、参加者本人から見えないようにします。次に衝立の内側、参加者から見えるところにゴムでできた精巧な偽物の左腕（ラバーハンド）を置きます。この時、ラバーハンドは参加者の服とうまくつながって見えるようになっています。参加者は、実験中そのラバーハンドを見つめているように指示されます。実験者は筆を使って、参加者の本物の左腕と偽物のラバーハンドを同時に撫でて刺激します。それを繰り返した後、参加者に質問紙で調査したところ、参加者は隠された自分の左腕に触れている筆ではなく、ラバーハンドに触れている筆によって刺激を与えられていると感じていることがわかりました。これは、目の前にある偽物のラバーハンドがまるで自分の手であるかのような感覚を抱いていたといえます。

この錯覚は、自分の手とラバーハンドが同時に刺激されないと起こりません。先ほどの人工幽霊の現象とは逆になります。つまり、自分の動きと少しでもズレていれば、自分の動きであってもそれは他者となり、狂いなく同期していれば、偽物の身体への刺激であってもそれは自分だと感じるのです。ラバーハンド錯覚では、触れられているという内在性感覚は自分にしかわからない、だとすれば目の前で触られている身体は自分である、というプロジェクションが偽物の手であるラバーハンドになされているといえます。

バックプロジェクションとその応用

プロジェクションとは、主体から外界の対象への投射だけではありません。対象から主体へのフィードバックもしばしば起こります。それは、投射した対象の状態が逆に主体の状態を変化させる「バックプロジェクション（逆投射）」という現象として見られます。プロジェクションを主体と対象における投射のサイクルとしてとらえると、その射程はさらに広がります。

先ほどのラバーハンド錯覚を利用したバックプロジェクションの研究があります。認知科学の嶋田総太郎先生のグループは、実験者の手をラバーハンドに見立ててその映像をタブレット上に呈示しました。それを参加者に見せて、衝立で見えない本物の参加者の手と、参加者が見つめているタブレット上の手の映像を同時に刺激しました。すると、これまでの研究と同じように、参加者にはラバーハンド錯覚が起こりました。そこで、参加者の手は静止したまま、映像の手の指が大きく開く様子を見せます。その時、参加者の手もつられて実際に動いたり、動かないまでも筋電位に活動が見られたりしたのです。脳波では運動野の活動が大きくなっていました。いずれも、錯覚が起こっていない状態では見られなかった現象です。

この実験では、まずラバーハンド（映像）に自分の身体が投射されているのですが、ラバーハンドに変化があるとそれが参加者の身体に影響するということを示しています。つまり、投射された対象から投射した主体に向かって、逆の投射が起こったと考えることができます。これが、バックプロジェクションです。

このようなバックプロジェクションを利用した、リハビリテーションへの応用も考えられています。リハビリテーション医学の大住倫弘《おおすみみちひろ》先生のグループは、自分の身体モデルが投射された映像の手を人為的に操作することによって、こわばっている／腫れているといったバイアスを含んでいた身体モデルがバックプロジェクションによって是正され、痛みが緩和したと考えられる事例を報告しています。

映像によるラバーハンド錯覚のように、VRによって自分の身体が変わったとしたら、それは主体にどのような影響を与えるでしょうか？　VRで魅力的な容姿や高身長のアバタを使用すると、他者とのコミュニケーションのとり方に影響を与えることがあきらかになっています。

このように身体の外見上の変化が態度や行動を変化させることを、プロテウス効果といいます。VRが専門の鳴海拓志《なるみたくじ》先生は、VR環境と身体や行動、認知の変容についてさまざまな実験や開発をおこなっています。特に、自己のアイデンティティを司《つかさど》る心的機能（情動、認知、意識、思考など）はバックプロジェクションによって変容し、投射された身体の影響を強く受けると指摘しています。

鳴海先生を含む吉田成朗《しげお》先生らのグループが開発した「扇情的な鏡」という装置があります。この鏡は、使用者の実際とは異なる表情をリアルタイムに映しだします。鏡は、使用者が表情の変形には気がつかないくらい、しかし無意識の表情判断には影響を与えられるような、絶妙な範囲で表情を変形します。この鏡を用いた実験では、使用者が気づかない程度に笑顔に変形することで快感情が誘発できました。反対に、悲しい顔に変形したところ不快感情が誘発されました。

自分の表情は自分が表出しているにもかかわらず、鏡というモノに映った映像でしかそれを見ることはできません。そこでは、鏡のなかの存在が自己であるという投射がなされ、表情のバックプロジェクションによって現在の自分の感情の認識がなされます。もしかすると自分の感情を自分で正確に把握することは、案外難しいのかもしれません。

少女マンガ『キャンディ・キャンディ』のアニメ主題歌（作詞・名木田恵子、作曲・渡辺岳夫）のなかに、こういう歌詞があります。「ひとりぼっちでいるとちょっぴりさみしい／そんなときこういうのかがみをみつめて／わらってわらってわらってキャンディ／なきべそなんてサヨナラね」。これはまさに、自分で扇情的な鏡をやっているわけです。けれどこのようなことは、あらためて考えてみると、私たちの日常でもいろいろなかたちで見られます。次は日常的な例から、バックプロジェクションによる自分の内面への影響について考えてみましょう。

コスプレする日常

コスプレイヤーの人たちはよく、コスプレをすると「違う自分になれる」といいます。当然、キャラクターを模した髪型、メイク、服装などによって、なにかのキャラクターになっているのですから、それが素の自分でないことは明白です。けれど「違う自分になれる」というのは、そういう意味ではないのだと思います。キャラクターの表象を自分の身体に投射するのがコスプレなのであれば、投射された身体から自分という主体に向かってバックプロジェクションもなされているのだと考えられます。

かっこいいキャラならそのかっこよさ、かわいいキャラならそのかわいさ、強いキャラならその強さなど、ほんの一部でも自分の内面に投射されたなら、コスプレをしているあいだはいつもの自分とは違う自分として存在できるに違いありません。そもそも、コスプレして自分がそのキャラクターになってしまおうと思うくらいですから、そのキャラクターの外見だけでなく内面までも含めて熱愛しているのです。外見をかたちづくることがコスプレの目的であったとしても、バックプロジェクションによって自分の内面に変化が起こることも、コスプレイヤーにとっては重要な楽しみなのではないでしょうか。

コスプレイヤーでなくとも、コスプレのような体験はあります。いわゆる「晴れ着」のような特別な場面での装いです。入学式や卒業式、なにかの発表会、成人式、結婚式などでは、ふだんは着たことのない服で自分が装われます。それによって、日常ではない「ハレ」を演出することが晴れ着の用途です。ハレの装いは、主体の非日常的なお祝いごとを示すとともに、主体をめったにない晴れがましい気持ちにもさせることでしょう。コスプレイヤーと同じバックプロジェクションのメカニズムがそこにあります。晴れ着は、投射の働きを利用して「ハレの自分になる」ための装置でもあるというわけです。

しかし、ハレの場ほどの非日常でなくとも、私たちは日常的にいろいろな場面に合わせて装っています。制服のように場に与えられたものをまとうことで、そこで求められているふるまいが理解しやすくなったり、求められるふるまいを遂行しやすくなったりするのも、制服に対する投射と制服からのバックプロジェクションによるものでしょう。

また与えられなくとも、私たちは生活のなかで、多かれ少なかれさまざまな場面に応じた装いを自分で選択しています。仕事、学校、遊び、デートやイベント、自宅でゆっくり、それぞれの場面でそれぞれに合った自分なりの服を選びます。その選択（装い）は、表象にもとづいた場面への投射であり、また選択（装い）によって自分の気持ちや行動は変化します。それは装いという自分の外見にともなう対象から、自分の内面へのバックプロジェクションなのです。

そう考えると、私たちの日常はある意味、コスプレすなわちコスチューム（衣装）によるプレイ（演技）であるとも考えられます。よく「スーツは戦闘服」とか「私の勝負服」などといいます。それは服の機能そのものではなく、その服装の表象を指しています。そこにはプロジェクションが不可欠です。なぜなら、それを着ることによって自分にどんなイメージを持たれるか（投射）、どんなイメージを持たれたら自分の気持ちや行動が変わるか（バックプロジェクション）という働きが、戦闘服としてのスーツや勝負服には含まれているからです。

それはいうなれば、プレイ（演技）のためのコスチューム（衣装）であり、コスチューム（衣装）でなされるプレイ（演技）です。戦闘服スーツや勝負服のように気合の入ったものばかりでなくとも、先ほどの例のように、生活のなかでさまざまな場面に応じた装いとふるまいをしていることも、コスチューム（衣装）によるプレイ（演技）のひとつであることに気づきます。

たとえば私は、職場である大学で講義をする時の服装と、休日に子どもと公園で遊ぶ時の服装はまるで違います。大学ではスーツやワンピースで教壇に立ち、公園ではジャージのような動きやすく汚れてもいい服で遊びます。公園でワンピースは機能性が悪いので問題外としても、大学での講義には公園での服のような動きやすいものでもかまわないはずです。実際、ジャージで講義する大学教員もいます。しかし、私は大教室の教壇に休日の公園で着ているようなジャージで立ったなら、いつものような気持ちで講義はできないでしょう。それは、私のよれよれのジャージ姿を大勢に見られて恥ずかしいというだけでなく、自分が「大学の先生っぽい」と思っている服で仕事をすること（投射）が、私を大学で先生としてふるまう気持ちや行動にさせている（バックプロジェクション）からと考えられます。ちなみに、大学教員の服装にはものすごくバリエーションがあるので、大学の先生っぽい服というのはあくまでも個人のイメージです。

ところで、ゼミで合宿に行った時などは、それと逆のことが起こります。卒論研究の中間報告がすべて終わり、あとは夕ご飯や飲み会だけとなったら、学生たちには「私、もう仕事しないね！」と宣言して、よれよれのジャージに着替えます。私がいまこの場で、彼らの先生であることに変わりはないのですが、もう仕事のモードではありません。気持ちのスイッチのオン／オフは、状況とともに服装ともかなり連動しているのです。あらためて考えてみると、合宿の時はむしろ、気持ちを切り替えるために服装を変えているのかもしれません。ふだんの大学でのゼミとは違う面があるのがゼミ合宿のおもしろさです。そこで私は、仕事のモードではない服で、研究などとは関係ないおしゃべりをする気持ちになっているのです。ジャージ姿の私を見る学生たちもまた、いつもとは違うモードで私と接することになるでしょう。私と学生の関係にはなにも変わりはないのに、合宿だから聞けたというような話があるのも、よれよれのジャージを通したプロジェクションによるモードの切り替えならではなのかもしれません。

装いで強くなる

服装が自己表現の道具のひとつであることは自明のことでしょう。そこに表現されるのはありのままの自分とはかぎりません。家政学の藤原康晴先生は、現実の自分を理想の自分に近づけてくれるような印象管理のできる服装が好まれることを指摘しています。教育学の山中大子《ひろこ》先生は、服装による印象管理には他者との関わりが不可欠であるという点から、被服による自己形成の過程を検討しました。すると、服装は自分のイメージを変えるためだけに用いられるのではなく、自分の気分やふるまいにも影響をおよぼしていることがわかりました。これらの研究の結果を、主体（自分）と対象（被服）における投射とバックプロジェクションのサイクルにあてはめてみれば、まさにそのとおりであると理解できます。

自分のあるイメージを投射するために装い、その装いが新たな自分のイメージを生む、そのような装いのプロジェクションは被服だけに見られるのではありません。ゼミ生の坪内真央さんとおこなった研究で、タトゥーシールを貼ってふだんの生活をするという行動実験をしました。実験を希望した女子大学生の参加者に、気に入ったタトゥーシールを選んでもらって、他人からは見えないところに貼る生活を三日間／他人からも見えるところに貼る生活を三日間すごしてもらいました。実験の前後におこなった質問紙調査と実験中の心理状態を問うインタビュー調査からは、タトゥーに対するイメージには変化が見られない一方で、参加者の意識と行動には変化があることがわかりました。なかでも複数の参加者から「強い女性になれた気がする」「パワーアップした気がする」「他人に対して強気になった気がする」「いつもより恋人に対して強くでた」という意見が聞かれました。これはタトゥーシールが他人から見えない／見えるにかかわらずありました。タトゥーシールに投射される強さの表象が、それを身につけている自分へとバックプロジェクションされている例だと考えられます。

この結果は、他者からそのイメージ（タトゥーシール）が見えなくてもそれが起こるのがおもしろいところです。「タトゥー（シール）を入れているなんて強そうだな」と他人から見られているから自分が強くなったように思っているわけではなく、「タトゥー（シール）を入れているなんて強そうだな」と他人からは見られるだろうなと自分が思うだけで、あるいは「タトゥー（シール）のような強いイメージのもの」を自分が身につけているだけで、自分が強くなったような気がするというわけです。だとすれば、装うという行為には案外、自分が他者とする存在をイメージしているだけで、実際の他者はそこにいないのかもしれません。

ブランドもののバッグやアクセサリーなども、同じような装いだと考えられます。ブランドとは、「価値」というプロジェクションの共有にほかなりません。何十万円もするブランドものの鞄《かばん》が数万円で手に入る鞄と同じ機能や品質だとしても、ブランドには価値という表象が多くの人によって投射され共有されているからこそ、そのような価格で市場が成立します。そこで何十万円もだしてブランドの鞄を買う人がいます。それはブランドに付随するさまざまな価値を、何十万円分に見いだしているからです。

「○○の鞄を持っているなんていいな」と他人から見られると思うこと、自分が○○の鞄を持つにふさわしい人間であると思えることなどは投射やバックプロジェクションです。価値を装うことがブランドものを身につけることだとすれば、そのようにひとつのブランドものの鞄やアクセサリーには、さまざまなプロジェクションがてんこ盛りなのです。

円環をなすプロジェクション

本章の前半でとりあげたぬいぐるみにも、バックプロジェクションのおもしろい例があります。あなたの友人や家族がとてもかわいがっているぬいぐるみがあるとしましょう。その人がいない時に部屋の物が倒れて、ぬいぐるみがぺちゃんこに潰れてしまったとします。あなたはそれを見て「もしや友人／家族の身になにかあったのではないか」と心配になりますか？　もしなったとしたら、それがぬいぐるみのバックプロジェクションです。

もしやと心配になったあなたのなかでは、ぬいぐるみをかわいがる持ち主がぬいぐるみに投射されるだけでなく、かわいがられている対象としてのぬいぐるみが、逆に持ち主に対して投射されているわけです。このようなモノからのバックプロジェクションは日常生活でとても多く見られます。先ほどまでのバックプロジェクションの話は、自分の身体や自分が身につけるものなどからの例でしたが、バックプロジェクションは主体から遠く離れていても起こります。

いま例にあげたぬいぐるみのバックプロジェクションなどは、離れていれば離れているほど、現実の状況が把握できないために強く起こるのかもしれません。「推し」のアクスタが急に倒れたとか、「推し」のグッズが壊れてしまったとかで「推し」になにかあったのではないか？とこころがざわつくとしたら、それはバックプロジェクションの仕業なのです。

実は、投射とバックプロジェクションは私たちのさまざまな心理や行動に強く影響しています。たとえば、マナー。このような場では、このようにふるまうことが望ましい、という表象を場に投射して行動します。明文化された条項があるわけではないのですが、ぼんやりした投射はその場にいる人たちによって共有されています。それがマナーです。さらには、この場ではこうしなければならない、こうしてはいけない、ということが個人に意識されています。共有された投射（マナー）から逸脱したような行動をすると「白い目で見られる」と考えるのは、バックプロジェクションです。本来は明確な実体のない、曖昧な行動規範が「マナー」として個人の表象へ逆に投射されています。このバックプロジェクションを受けて、このようにふるまうことが望ましいというマナーの表象は、この場ではこうしなければならない／こうしてはいけない、という詳細を重ね描きしていくことになります。それはまた、新たな表象として場に投射されます。マナーや規範は、社会のなかでこのような投射とバックプロジェクションを繰り返し、常に円環をなすことで、法律や規則などなくても私たちの心理や行動をコントロールしているのです。

腐女子の「女子ジレンマ」

ほかには、ジェンダーなどもよい例です。ジェンダーとは、生物学的な男性女性の区分でなく、社会的・文化的な意味から見た「男らしさ」「女らしさ」のことです。「らしさ」ということだけみても、実体のつかみにくいものであることがわかります。これも、男らしさ／女らしさというあいまいな表象が投射され、社会においてや文化として共有されたものがジェンダーとして認識されています。わかりにくいものだからこそ、個人の表象は、社会や文化における「ジェンダー」からバックプロジェクションも受けとりやすくなります。自分の考える男らしさ／女らしさだけでなく、社会としてはどうなのか？　文化としてはどうなのか？ということを自分の表象と参照します。そのようにして生成された個人の表象が、また社会や文化でのジェンダーとして投射されます。

私は、仕事と生活の調和をはかる「ワークライフバランス」の研究もおこなっています。その流れでジェンダーの問題にも関心を持っています。家族におけるワークライフバランスを考える時に、性別役割分業や性役割観を切り離すことはできません。日々の生活のなかで、家族でのワークライフバランスに腐心している人たちがいたるところでぶつかっているのが、性別役割分業にともなうジェンダーの問題です。それがジェンダーの問題だという明確な自覚のあるなしにかかわらず、社会における固定観念、自分たち家族のなかでの意識など、おそらくこれまで考えたことのなかったようなことを通して、ジェンダーに向きあっているさまが見てとれます。

私は自分がワークライフバランスにあくせくするなかで、ワークライフバランスや性別役割分業に関連する女性たちの日常の声を聞きたいと、よくインターネットでブログやツイートなどを読みあさっていました。ある時、そのような発信をする女性たちのなかにかなりの確率で、腐女子が含まれていることに気がつきました。

ＢＬでは恋愛や日常生活が男女ではなく男性同士で営まれます。そのばあい、生活のなかで生じる性別役割分業は性別によらず、どれも男性同士で担われることになります。女性だから、という理由で役割が決まるのではなく、個々のありようによって関係性が構築される点が、ジェンダーの問題にセンシティブな女性たちと親和性が高いのではないかと考えました。そこで、腐女子らを対象に複数の心理尺度による調査をして、女性たちのジェンダー・アイデンティティと現実社会や日常生活で求められる女性性とのズレを可視化する研究をおこないました。

女子大学生に好んで読む小説・マンガのジャンルを問い、男女の恋愛作品を好む群、非恋愛ものを好む群、BL作品を好む群に分けました。そして、六種類の心理尺度（ジェンダー・パーソナリティ／恋愛観／伝統的な母親役割への意識／共感性／他者への注意／プライバシー志向性）から構成された質問紙調査をしました。その結果、性格の男性性・女性性のバランスをみたジェンダー・パーソナリティや他者への共感性、他者のどこに注意を向けているかという点では、BL作品を好む女性とそうでない女性で違いがありませんでした。しかし、性役割観には明確な違いがあり、腐女子は伝統的な母親役割（いわゆる「母性愛」）を信奉する傾向が顕著に低かったのです。

この結果から、腐女子は自身の女性性を希求し受容している一方で、女性への通念的な性役割に対しては懐疑的であることが示唆されました。女性らしくありたいが、女性だからという理由で一方的に求められる役割には疑問を感じる、そのような「女子ジレンマ」ともいうべき状態にある現代女性の一端が、腐女子たちに先鋭化されているとも考えられる、とても興味深い研究となりました。

ジェンダーの問題では、自分自身も含めて、個人の固定観念の強さや社会通念の頑強なことにしばしば驚かされます。そこで、プロジェクションの視点からジェンダーについて考えてみると、それは至極当然なことだと気づきます。個人の表象の投射と社会や文化におけるジェンダーからのバックプロジェクションは常に円環をなしています。そのサイクルのなかでジェンダー観が形成されるのであれば、個人のジェンダー観は社会通念によって内在化されますし、社会や文化におけるジェンダー観も個人が変わらないかぎり変化していきません。

しかし、いま日本でジェンダーをとりまくいろいろなことが、ようやく少しずつ変わりつつあります。この動きを促進するのも抑制するのも、社会だけでなく個人それぞれがジェンダーについてあらためて向きあうことにかかっています。自分がどんな表象を社会に投射しているのか、どんな表象を投射していきたいのか、またどんなバックプロジェクションを社会から受けているのか、ジェンダーを素材にしてちょっと考えてみませんか?

第六章　プロジェクションが認識世界を豊かにする―救済―

「推し」の真髄

「推し」の○○に出会って人生が変わった！と熱心なファンはよく言います。実際、そのとおりなのだと思います。けれど、「推し」がむりやりあなたの人生を変えたのではありません。あなたの人生が変わったきっかけは「推し」ですが、人生を変えたのはまぎれもなくあなた自身です。そしてそれこそが、「推し」の真髄です。

人生、というとおおげさかもしれませんが、それまでの自分の生活にはなかった行動や考え方をするようになることは、生き方を変えることだともいえます。自分が熱愛する対象によって、自分から能動的になにかのアクションを起こすようになる。それが、受動的になにかを愛好するようなファンと、なにかを「推し」として熱愛するファンの決定的な違いであると私は考えています。

「推し」を持つファンたちの能動的なアクションには、実にさまざまなものがあります。ファンのアクションは、SNSへコメントしたりファンレターを書いたり、ライブで声援を送りながらペンライトを振るなど、「推し」対象に向かって直接的になされるものだけとはかぎりません。オリジナルを参照しつつ「推し」の新たな物語を生成したり、「推し」に関係のある別の分野にまで関心を持ったり、「推し」を模したコスプレをしたり、「推し」をかたどったぬいぐるみやフィギュアの写真を撮ったり、「推し」本人不在の誕生日会を開いたりします。この本では「推し」に関わる行動や気持ちの例を端緒として、人間のさまざまな認知活動とプロジェクションという機能の深い関わりについて考えてきました。

「推し」が頑張っている姿を見ると、自分も頑張れる。「推し」のようになるために自分も努力する。「推し」がいるとなんでもない日々でも楽しい。「推し」のつながりで友人や仲間、居場所ができた。つらいことがあっても「推し」から元気がもらえる。「推し」に癒やされる。どれも「推し」がいるという人たちから、よく語られることばかりです。また、「推し」は特にいないという人から、「推し」がいる人は楽しそうでうらやましい、自分にも「推し」がいたらいいのにと思う、などということもよく聞きます。

どうにかまた頑張ろうとするのも、いっちょやってみるかと努力するのも、目の前にある日常を楽しんで生きるのも、新しい友人を作るのも、それは自分自身です。ただ、自分だけでは動きだせなかったほんの一歩を踏みだせるよう、力強く背中を押してくれたのが「推し」なのでしょう。そう考えると、「推し」を推すことは、自分自身の生きる力を推進することだといえます。だからこそ、社会が停滞していると感じられるいまの時代に「推し」が求められ、また「推し」がいる人のエネルギーが羨望されるのかもしれません。

プロジェクションを介してなされる「推し活」や「推して推される」という相互作用は、「推し」と自分の境界を曖昧にします。ここまで考えてきたように、ときに「推し」は、自分の表象の投射対象でもあり、自己世界の拡張でもあり、新たに加わった自分の領域でもあり、自分へ逆投射してくる存在でもあります。いずれにしても、自分という代えがたい存在の一部に組みこまれたものとして「推し」をとらえるのなら、「推し」が自分にとってどのようなものなのか、よくわかるのではないでしょうか。

若手俳優の熱心なファンでもあるライターの横川良明《よこがわよしあき》さんの著書に『人類にとって「推し」とは何なのか、イケメン俳優オタクの僕が本気出して考えてみた』という本があります。その本の最後で横川さんは、「推し」とは何なのか定義づける必要はない、人それぞれの答えがある、としながら「でももしその前提で、最後に推しとは何かと聞かれたら、僕はこう答えます。推しとは、『お守り』」と書いています。

「推し」は「お守り」であるとは、なるほど！と得心しました。なぜなら、お守りこそプロジェクションのかたまりのようなものだからです。たとえば、神社やお寺のお守り、パワーストーンのブレスレット、十字架のついたロザリオ、家内安全のおふだなど、身近で「お守り」としてありがたがられるものはいろいろあります。しかし、その「意味」がわからない人にとってそれは、すごく小さな布袋、きれいな石のブレスレット、飾りのついたネックレス、文字が書かれた紙切れ、などにすぎません。

神社やお寺にあるすごく小さな布袋は、その意味がわかったうえで「信じるこころ」が投射され、はじめて「お守り」となります。他もしかりです。以前、家の部屋の片隅に小石があったので、子どもの服にでも入っていたのが落ちたのかと思い、外に捨てようとしたら、子どもが気づいて「それ、おまもりなの〜、捨てないで！」と必死で訴えるのでびっくりしたことがあります（うっかり捨てないで本当に良かった……）。これもプロジェクションです。

「推し」と生きがい

「推し」をお守りのようにとらえてみると、そこに投射されているものは「信じるこころ」ならぬ、熱心なファンひとりひとりの「自分が世界を意味づけて生きてゆく力」なのではないでしょうか。人によってそれは、「生きがい」ともいえるかもしれません。

「生きがい」だなんて、おおげさに思えますか？　私は大学では、「老年心理学」といって、高齢者のこころや行動を専門に教育・研究をしています。高齢者にとって「生きがい」は決しておおげさなことではなく、切実で日常的な問題です。日本はいま、世界一の高齢社会です。現在の日本の高齢者は、仕事や子育てなど否応《いやおう》なく求められてきた役割を終えた後にも、長い人生があります。「なんのために生きているのか」など考えるまでもなく生活に追われていた日々はいつか終わり、「なにをして生きていくのか」を自分で考えなければならない日常がやってきます。それは思うほどたやすいことではありません。

しかし、高齢者は試行錯誤しながら、日々の生活のさまざまなことに「生きがい」を見いだしています。実に、高齢者の八割は「生きがい」を持っている、というデータを講義で示すと、大学生は一様に驚きます。けれど、「生きがい」はおおげさなことでなくていい、身の回りに生きる意味や楽しみは見つけられるのだということが、高齢者の生活を見るとよくわかります。

本書の担当編集さんがこんな話をしてくれました。編集さんのお母さんはわりと快活な人だったそうですが、コロナ禍でかなり弱気になってしまいました。「もう人生に楽しいことなどない」とネガティブな発言も多くなり、心配した編集さんは動画配信サービスを入れたタブレットを送ってあげて、観るようにすすめました。すると、お母さんは観はじめた韓国ドラマにすっかりハマってしまい、自分が観たドラマの配役や人物関係図、なんとレビューまで書いた「鑑賞ノート」を作成しているそうです。そして、韓国ドラマをきっかけに、興味は異国の文化や語学の学習にまで発展し、いずれ韓国に行くことを目標に日々励んでいるとのことです。お母さんにとって、もうこれはりっぱな「推し活」であり、素晴らしい「生きがい」です。

熱心なファンの「推し活」を見ていると、高齢者になっても「生きがい」には困らないだろうなと安心します。自分の気持ちひとつあれば、何歳からでも新しいことははじめられます。これまでのしがらみから解放され、自分が本当に好きなことを見つけて思いきり楽しんでいる、そんないきいきした高齢者はたくさんいます。なにかを熱心に愛好することが生きる力につながっていると考えると、この超高齢社会で楽しく生きていくには、「推し活」こそ大事なのかもしれません。

プロジェクションで感じる「体温」

本書の「はじめに」で書いたエピソードのように、「推し」に救われるのはプロジェクションの働きによる力であるならば、「推し」でなくとも救ってくれることがあるはずです。人間がプロジェクションによって救われるとしたら、いったいどんな例があるのでしょう。

大切な人や家族を亡くすことはとてもつらいことです。そして、どんなにつらくとも、残された人はそれでも生きていかなければなりません。大切な人を亡くした人たちが語ることに耳を傾けた時、絶望の淵から再生していく過程には少なからぬプロジェクションの働きがあることに気がつきました。

私が小学生だった頃はまだ、夏になると決まって太平洋戦争に関連した教育映画などが上映され、学校行事としてそれを観ていました。沖縄の疎開船「対馬丸」の惨劇は、犠牲となった約八〇〇人もの子どもたちが当時の自分と同じくらいの年齢であったこともあり、とても強く印象に残っています。大人になってからも、折に触れて「対馬丸」に関する記事などに目を通していたら、遺族のこんな話を読みました（NHK『戦跡―薄れる記憶―』二〇一九年八月二二日）。

対馬丸の撃沈は軍事機密としてずっと箝口令《かんこうれい》が敷かれていました。数少ない生存者への監視も厳しく、遺族へ当時の様子を話すこともできなかったそうです。残された家族は、亡くなった人のことについてなにもわからないまま、長い戦後をすごしてきました。そのような遺族のひとりに北口清子さんという方がいます。北口さんは一歳の時に父親の荒木徳一さんが戦死しました。父の記憶はなく、国からは「沖縄方面で亡くなった」とだけ知らされていたそうです。ある時、撃沈から六〇年目にできた対馬丸記念館を母親とともに訪れ、偶然、そこに父の名前を見つけます。北口さんは記事の中でこのように話しています。

「ああ対馬丸に乗ってたんだっていうことが分かるとね、本当に初めて父と対面したような実感が沸いたっていうんですかね。母の涙を見て私にも父親がいたんだって初めて強く感じました」

その場で、母親とともに号泣したという北口さん。記憶にない父親の存在について、長いあいだ目を向けることはなかったそうです。しかし、戦死に関する具体的な情報があらわれたことで、ぼんやりしていた父という表象が鮮明に投射され、北口さんの前に立ちあがってきたのです。プロジェクションができたことで、北口さんは見たことのない父親にはじめて巡り会えたといえるでしょう。

その後、北口さんは対馬丸の生存者である上原清さんの講演会に行き、対馬丸が撃沈される直前の様子を聞きます。講演終了後、北口さんが上原さんに尋ねたところ、上原さんは北口さんの父親かもしれない兵隊が、子どもたちにかけていた言葉を教えてくれました。それを聞いた北口さんは、上原さんの手を強く握りしめ「手があったかいです」と涙ながらにつぶやいたそうです。

「父と一緒にいたかもしれない上原さんと、お会いして握手してもらったら、なんだか父の代わりに握手してもらった気がしました。七五年たって記憶は風化していくものだと思っていましたが、親子の情は風化しないいんだと思いました。来てよかったです」

これを読んだ時、人間というのはこのような力をも持っているのか、と感嘆しました。生き残った上原さんは北口さんの父親と一緒にいたかもしれないだけの、まったくの別人です。北口さんもそれをよくわかっています。でも、握手して感じる体温は、亡くなった自分の父親のものなのです。北口さんは、上原さんに亡き父親を投射し、そこに父親の体温と愛情を感じています。別人であることは重要ではなく、自分が感じたことを大切に受けとめたからこそ、「来てよかった」という言葉があるのでしょう。プロジェクションの機能は、このようにして人間へ救いや希望をもたらすのだということを目の当たりにして、胸が熱くなりました。

絶望してなお生きていくとき

大切な人を亡くした人たちが語ることのなかに、プロジェクションの働きを見いだせると考えていたら、ある本に出会いました。ノンフィクション作家の奥野修司さんによる著書『魂でもいいから、そばにいて　3・11後の霊体験を聞く』です。

死者と行方不明者一万八〇〇〇人あまり、東日本大震災は未曽有の大災害として多くの犠牲者をだし、さらに多くの「残された人」たちを作りました。震災後、奥野さんは被災地で不思議な体験の話を聞きます。いわく、タクシーでお客を乗せて連れていった先は建物の土台しかない場所で乗客もいつのまにか消えていた、〇〇の橋には津波で亡くなった親友が立っている、などのいわゆる幽霊譚《たん》です。

最初、奥野さんは幽霊話なんてあまりにも非科学的ということで、取材には気が乗らなかったそうです。しかし、ある時こんな話を聞き、思わず胸が高鳴ります。それは、石巻で夫を亡くしたおばあさんが、近所の人から〇〇の十字路でおじいさんの霊を見たと聞いて、私もおじいさんに会いたいと毎晩その十字路に立っている、というエピソードでした。奥野さんは「家族や恋人といった大切な人の霊は怖いどころか、それと逢えることを望んでいる」「むしろ、深い悲しみの中で体験する亡き人との再会は、遺《のこ》された人に安らぎや希望、そして喜びを与えてくれるのだろう」と考えます。

これは、先ほどの対馬丸の北口さんの記事から私が考えたことと同じです。誰かに亡き人の面影を重ねる、霊としてその存在を見いだすなど、「再会」のかたちはそれぞれですが、失ってしまった大切な人をいまなお「感じる」ことが、残された人にとって重要なことなのでしょう。

プロジェクションとしてとらえると、幽霊とはなにもないところへ表象を投射していることです。ほかの人からすれば「そんなのいない」「信じられない」とされるようなさまざまな体験は、当事者にとってみれば「事実」なのです。けれど、当事者自身ですら「ほかの人には見えないのだろう」「説明のつかない不思議なことだから信じてもらえないだろう」と思うためか、なかなか語られる機会がありませんでした。

奥野さんはそんな体験を持つひとりひとりに寄り添い、丁寧に話を集めていきました。数年間をかけて一六もの体験談をまとめたものがこの本です。それぞれが最愛の人を失ってなお生きていかなければならない苦しさと、どのように絶望から立ちあがったのかを語っています。

そのなかで話されるのが、亡くなった人と「再会」した体験です。

語られる体験では、夢で、枕元で、メールで、足音で、おもちゃの動きで、死者は残された人に会いにきています。どれも他人からしたら「信じられない」ようなものばかりです。けれど、取材をして丹念に積み重ねられた当事者のエピソードを通じて、それが当事者にとってまぎれもない「事実」であることがわかります。

プロジェクションは、投射の数だけ事実を生みだします。同じものを対象にしていても、投射される表象が異なれば、そこに生まれる意味も異なります。本書ではこれまでに、そのような例をたくさんお話ししてきました。震災後に語られた不思議な体験談も、プロジェクションの枠組みでとらえれば、その人にとっては重要な意味のある事実なのです。

亡くなった人の声がする、姿が見える、それが整合性のない不思議なことであると、当事者自身もよくわかっています。だからこそ、彼らは「最善の説明への推論」をしようとします。これは第二章でお話しした「アブダクション」です。これまでにわかっている事項だけでは説明のつかない問題について、ある仮説をあてはめて考えていくのです。

この時にあてはめられる仮説が「亡くなった○○が私に会いにきている」という認識です。その仮説をあてはめれば、さまざまな不思議な体験も「意味不明な出来事の羅列」ではなく、ある一連の「○○と私にとって意味のある物語」となって当事者の手元に届きます。

大切な人を失うという絶望のなかで、残されてもなお生きていかなければならない時、人間には物語がその支えとなることがあるのでしょう。なぜなら、その物語の前提には「亡くなった○○が私に会いにきている」という仮説があり、それは大切な人とともにいまを生きていくことにほかならないからです。

自己と物語

以前、マンガ家で二次創作の作家でもあるよしながふみさんに、プロジェクションの研究会へいらしていただいたことがありました。そこで、人間のなかで物語が生まれる過程についてディスカッションしている時に、物語とは不条理な出来事を受け入れるために、秩序を正しくしたい気持ちからできるのではないかという意見がでました。その際に、よしながさんがあげたのは、事故などでお子さんを亡くされた親御さんが新しい立法を訴えたりする事例でした。なにもしないままでいたら自分の子どもの死はただの不条理な出来事で終わってしまう、しかし、これをきっかけに二度とこのようなことが繰り返されないような法律ができれば、やり場のない想いも昇華できるという「物語」が、残された親御さんが生きていくためには必要なのだと、あるときよしながさんはわかったそうです。

心理学や哲学において、「物語（narrative）」は、人間や人間が作る社会の動きを理解するために重要な役割を担っていると考えられています。たとえば、認知発達心理学のジェローム・ブルーナー先生は、「物語」は人間が物事を理解したり思考する時の重要な枠組みとなっていることを指摘しています。そして、そのような物語の特徴として、時間軸に沿って出来事を構造化すること、語られた出来事が事実か否かは問題ではないこと、物語の習得や実践はさまざまな他者を相手にした相互行為のなかでおこなわれること、などをあげています。まさに今回の体験談の例はこのとおりであり、これらの特徴はプロジェクションによって生まれた「物語」にもあてはまるといえます。

また、哲学のダニエル・デネット先生は著書『解明される意識』のなかで、人間の神経システムに入力される情報は「時間の経過に伴って、これらはひとつの物語のようなまとまりを持ち、それは脳内の多くのプロセスによって継続的に編集され続ける」と考えています。デネット先生は、このような物語の「重力の中心」に自己があるととらえ、以下のように表現しています。

「私たちのお話は紡ぎ出されるものであるが、概して言えば、私たちがお話を紡ぎ出すのではない。逆に、私たちのお話の方が私たちを紡ぎ出すのである」

大切な人が突然失われたという無秩序な世界と、どうにかして折り合って生きていくためには、不条理な出来事になんらかの意味を見いだして、秩序のある世界にしていくことが必要なのでしょう。そこに介在するのが、その人それぞれのプロジェクションによる「物語」であるといえます。そして、自己は紡ぎだされる物語の一部となり、世界は秩序あるものとして再構築されていくのです。

そして物語は続く

『魂でもいいから、そばにいて』で語られた日常生活において、体験談の当事者は驚くほど自然に、そして頻繁に亡くなった人と「会話」をしています。お墓に、仏壇に、写真に、形見の品に話しかけ、なにかあればこころのなかで、ひとりごとで、死者に語りかけています。それは、第五章でお話ししたプロジェクションによる「想像的なコミュニケーション」そのものです。ブルーナー先生が、物語の習得や実践はさまざまな他者を相手にした相互行為のなかでおこなわれる、と指摘したことは、ここではプロジェクションによって可能になっています。

大切な人といまもともに生きている、という物語について、「想像的なコミュニケーション」は常に新しいエピソードをもたらします。残された人は、物語の続きを大切な人と一緒に紡いでいるのです。絶望から再生していくきっかけや、そこから新しい日常をすごしていくことにおいて、プロジェクションの働きが生きる力を下支えしているといえます。残された人の物語は、残された人が生きているかぎり大切な人とともに続いており、それが残された人の救いとなっているのです。

ただ、先にも書いたように、このようなプロジェクションは、ほかの人からすれば「そんなのいない」「信じられない」と一蹴されることもあります。本人ですら「ほかの人には見えないのだろう」「信じてもらえないだろう」と思って誰かに話すこともできず、さらに孤独をつのらせていることもあるでしょう。そんな時、そっと寄り添ってもらい、ただただ話をきいてもらうことがどんなに心強いことか、想像に難くありません。

第三章でも例にだした少女マンガの名作『ポーの一族』のシリーズに、『はるかな国の花や小鳥』という短編があります。かつて一夏だけを一緒にすごした恋人の思い出とともに生きている女性エルゼリは、主人公エドガーにこう語ります。「彼が明日は帰るという夜／森の中を二人で歩いたの」「するとふいにがけの上に出たの／……そこからお城が見えたのよ」「『お城が見えるわ』／……と言ってすぐそれが月あかりで木ぎがそう見えただけだとわかったの／お城なんかなかったのよ」「でも彼は言ったの／『ああほんとうだお城だね』」。その語りを聞いたエドガーは「それだけ?」と言い、エルゼリは「……そうこたえたあの人が世界中でいちばん好きだったの」と答えます。

一瞬の見間違いによって木々にお城を異投射してしまった、けれど好きな人にそれをただ受けとめてもらったことが、この女性にとってはとても大切なことだったのです。プロジェクションは人それぞれです。人間がそれぞれ誰と同じでもないように、投射された世界が他者と同じでないことはあたりまえです。だからこそ、個人のプロジェクションが他者と共有できることは、第二章でとりあげた二次創作や科学のコミュニティの例のように、楽しみと喜びや、強い連帯、大きなムーブメントになりうるのです。

その人のプロジェクションを受けとめることは、その人そのものを受けとめることと同じです。否定でも肯定でもなく、ましてや理解するとか納得するとかでもなく、ただ受けとめてもらうことが、生きてゆく大きな力にもなることを、奥野さんが聞き取った体験談やエルゼリの例は教えてくれます。

プロジェクションと多様性

個人のプロジェクションは、ときに個性としてあらわれ、ときに価値観として示されます。その人の見ている世界は、その人にしか見えないプロジェクションがなされているわけですから、プロジェクションとは、つまり多様性そのものです。

自分には自分のプロジェクションがある、あの人やその人にはそれぞれのプロジェクションがある、それを知ることは多様性を知ることです。その人のプロジェクションを受けとめることは、その人そのものを受けとめることと同じであるならば、その人のプロジェクションによって見えている世界を否定することは、その人を否定することとも同じです。

ある人には見える世界が、自分には見えないこともあります。自分にとって意味のあることが、ほかの人には意味がないこともあります。それはプロジェクションが個人の機能であるため、あたりまえのことなのです。そのように、基本的には個人の機能であるプロジェクションが、なにかのばあいには他者と共有されることもあるからこそ、それは大きな喜びや連帯となります。そして、プロジェクションの共有によって、人間はわかちあって協力することが可能となり、ともに未来への希望を持つことができます。

ある人には見える世界が自分には見えない時、重要なのはそれが見えるかどうかではありません。その話が本当かどうかでもありません。ある人には見えたということを受けとめることです。そして、ある人にとって見えたという事実の「意味」を大切にすることです。

多様性のある世界とは、たがいのプロジェクションをたがいに受けとめられる、そしてその意味を尊重できる、そんな世界のことではないでしょうか。これまでに本書で見てきたさまざまな人間の認知活動を考えると、理解するとか認めあうなどということよりずっと前に、まずは雑多なプロジェクションがただ乱立できるような、そんな土壌こそ力強く豊かな文化を育んでいくように思います。

世界はプロジェクションで豊かに彩られている

「推し」をガイドブックにしてプロジェクションをめぐる旅も、そろそろ終わりに近づいてきました。あなたの身の回りのプロジェクション、あなたがさまざまなモノや出来事に対してしているプロジェクションについて、「なるほど！」という想いを抱いていただけたなら幸いです。

いま、あなたが手にしてくださっているこの本も、あなたのプロジェクションがなければ、ただの綴じられた紙の束（あるいはタブレット）にある文字の羅列にすぎません。私が書いた文章のかたまりは私の手を離れ、読者のあなたによって「なにかについて書かれた本」という存在になります。では、どんな内容の本だったのか？　その答えは、小説ほどのバリエーションはないとしても、読者によって異なるでしょう。同じ本を読んでも、受けとり方はそれぞれです。それは読者によるプロジェクションが異なるからです。

世界に存在するモノや出来事は、プロジェクションによって「意味」を持ちます。モノや出来事に付帯した意味は、それらが存在する世界を立体的にたちあがらせます。モノや出来事に投射される表象は、想い、主張、価値観、解釈、仮説、願い、希望、意識、無意識……言葉にならないもやもやしたものを含めた、人間のあらゆる認知活動です。この世界は言うなれば、数えきれないほどのプロジェクションで彩られているのです。

他者を一生懸命に応援すること、既存の物語から新たな物語を生成すること、いまだ解明されていない真理の探究、個人の信心から世界的な宗教への発展、一枚の絵画が内包するメタファ、時間と手間をかけて育成する喜び、演者と観客の相互作用、未来の文化への投資、ぬいぐるみとの豊かな時間、モノを介して飛躍する自己と拡張する身体、投射で救済されること、個性や価値観の多様性……本書では、私たちのいろいろなありように、プロジェクションが深く関わっていることを見てきました。ファン活動、科学研究、宗教、芸術、文化など、どれも私たちの人生や生活をより豊かに潤してくれるものばかりです。そして、それらを手に入れることができたのも、人類の進化の過程において、プロジェクションという機能が重要な役割をはたしてきたからだと考えられます。

人間は、自らをとりかこむ物理的な世界をより深く豊かにするために、プロジェクションというこころの働きを備えています。私たちは、モノの世界のなかでただ受け身的に生きているのではありません。私たちは、プロジェクションによって、モノの世界を自分で意味づけて生きているのです。そして、それは個人のなかで、あるいは他者と共有されて、時間や空間を超えながらどこまでも広がっていくことができるのです。

あなたのプロジェクションで彩られた世界を、あらためて眺めてみませんか？　新たな発見が、あなたの世界を新たに彩り、またいっそう深化させてくれるに違いありません。

おわりに

本書の企画をいただいた時、おもしろそう！　やります！と即答しました。けれど、いざ内容を考えようとしたとたん、とても不安になりました。「推し」といっても、いま私に「推し」と呼べるほどの対象はいないのです。熱心なファンとしていろいろ活動していたのなんて、もうずっと昔のことだし、私はこのテーマで一冊の本など書くことができるのだろうか……。

そんな自分のありようにうじうじと悩みながら目次を作り、まあとりあえず、書けるところから書くしかないか、とキーボードに向かいました。そして、書きだしたその日、私ははじめて気づくことになります。私の「推し」は、「プロジェクション」だったんだ！　自分でもあまりに驚いたので、帰宅した夫に興奮気味に伝えたところ、「いまごろ!?」と逆に驚かれることに。夫にしたら、そんなことは前からわかっていたそうです。

そういわれてみて、あらためて自分の行動をふりかえってみました。数年前、「腐女子のやっていることはプロジェクションなんだね」と言った夫からプロジェクションについて説明をされ、なにそれ、すごくおもしろい！と、すぐに日本認知科学会に入会しました。翌年の学会大会では、さっそくプロジェクションの発表をしました。その後も、大学の講義の準備や卒論の指導やレポート採点の合間を縫って、誰にも頼まれていないのに、せっせとプロジェクションの研究をします。

私は大学の授業では、プロジェクションに関することはまったくやっていないので、プロジェクションの研究は本業には全然還元されません。それでも、休日返上でプロジェクションの研究会に出かけ、研究仲間の先生たちとプロジェクションについて熱く語り合います。

プロジェクションのおもしろさを多くの人に知ってもらいたくて、プロジェクションの研究を認知科学会以外の学会でも発表します。これまでの私の研究（サルとか高齢者とかワークライフバランスとか）を知っている人には「……どうしたの？」と驚かれることもありました。

日々の生活のなかでも、プロジェクションを見いだすと喜びを感じ、なにがプロジェクションなのかを探り、つまるところいつもプロジェクションのことを考えているような気がします。

……たしかに、これを「推し」といわずして、なにを「推し」というのでしょうか!? 私のやっていることは、まさに「推し活」そのものです。それに気づいていなかったなんて、夫が呆《あき》れるのも当然です。でも、「推し」にハマるというのは、そういうことかもしれません。あるもの／人に出会ったことによって、自分の行動や気持ちが、以前とはまったく違うものになっているとわかった時、はじめて「推し」を自覚するのでしょう。劇的な変化に巻きこまれたまま夢中になっていると、案外そんなことはわからないのかもしれません。

思えば「推し」という言葉もない時代から、私はさまざまな「推し」を推してきました。どの「推し」も、時間がたつのも忘れるような楽しみ、それまで知らなかった知識、好きな気持ちをわかちあう仲間、長くつきあえる大切な友人、味わったことのないような強い感情などを私にもたらしてくれました。そして、なにより重要なことに、私自身のなかに「新しい扉」を開いてくれました。私の人生と世界は「推し」によって、どれだけ豊かでこころ躍るものになったかわかりません。私だけではなく、「推し」のある／いる人は、誰でもそのように思うのではないでしょうか。

本書を執筆していた数ヶ月は、本当に寝ても覚めても「推し」とプロジェクションについて考えるという、とても幸せで時に苦しい「推し活」の日々となりました。この本を読んでくださった方に「プロジェクションっておもしろい！」と思っていただけたなら、これ以上の喜びはありません。

この場をお借りして、多くの方にお礼を申しあげます。鈴木宏昭先生はじめプロジェクション・サイエンス研究会メンバーの先生方のご指導がなければ、プロジェクション研究者としての私はいません。研究会の幅広い射程と先生方との自由闊達なディスカッションによって、本書の基礎は育まれました。こころより感謝申しあげます。

大学の授業の前後やゼミで「推し」の話をしてくれた学生のみなさん、本文で紹介したものだけでなく素晴らしい卒業研究をしてくれたゼミ生のみなさん、岩月里紗さんはじめ社会人になってもおつきあいくださる卒業生のみなさん、あなたがたのお話が私の楽しみであり、貴重な情報源でもあります。本当にどうもありがとう！

本書の編集を担当してくださった金井田亜希さんには、新書の書き方から教えていただき、さながら卒論指導をする私とゼミ生のようでした。「これ、先週、私が学生に言ったなあ」というようなこともしばしばでおもしろかったです。的確で前向きなコメントにこころより感謝いたします。また、校閲の方の丁寧でしっかりしたお仕事にとても助けられました。どうもありがとうございました。

夫である川合伸幸には、新書執筆の経験者として具体的なアドバイスと日々の励ましをもらいました。子どもたちからは、本書へさまざまなエピソードを提供してもらいました。いつも仕事を支え、生活を彩ってくれる家族に、たくさんの感謝とともにこの本を捧《ささ》げます。
そして、この本をとても楽しみにしてくれている両親にも、これまでの感謝をこめて。

二〇二二年六月

久保（川合）南海子

主要参考文献一覧

第一章

三浦慎司、川合伸幸「応援に伴う身体運動は映像作品の登場人物の魅力を高めるか」、『二〇二〇年度日本認知科学会第三七回大会発表抄録集』日本認知科学会、二〇二〇年、五三二—五三七ページ
嶋田総太郎「共感・他者理解におけるミラーシステムと情動・報酬系の活動変化」、『心理学評論』第五七巻一号、心理学評論刊行会、二〇一四年、一五五—一六八ページ
嶋田総太郎「共感から we-mode へ『われわれ感』の脳メカニズム」、『脳のなかの自己と他者』共立出版、二〇一九年、第六章、二〇〇—二四〇ページ
鈴木宏昭「プロジェクション科学の展望」、『二〇一六年度日本認知科学会第三三回大会発表抄録集』日本認知科学会、二〇一六年、二〇—二五ページ
鈴木宏昭「プロジェクション・サイエンスへの誘い」、『プロジェクション・サイエンス　心と身体を世界につなぐ第三世代の認知科学』近代科学社、二〇二〇年、Ⅲ—Ⅷページ
鈴木宏昭「プロジェクション・サイエンスの目指すもの」、『プロジェクション・サイエンス　心と身体を世界につなぐ第三世代の認知科学』第一章、一—三八ページ

第二章

東園子『宝塚・やおい、愛の読み替え　女性とポピュラーカルチャーの社会学』新曜社、二〇一五年

Bloom, P. (2010). *How Pleasure Works: The New Science of Why We Like What We Like.*（小松淳子（訳）『喜びはどれほど深い？　心の根源にあるもの』インターシフト、二〇一二年）
コミックマーケット準備会（編）『コミックマーケット40周年史』コミケット、二〇一五年
藤本由香里「少年愛／やおい・BL　二〇〇七年現在の視点から」、『ユリイカ（総特集・BL（ボーイズラブ）スタディーズ）』第三九巻一六号、青土社、二〇〇七年、三六―四七ページ
後藤明『ハワイ・南太平洋の神話　海と太陽、そして虹のメッセージ』中央公論社、一九九七年
東島清「二〇〇八年のノーベル物理学賞によせて」、『大阪大学大学教育実践センター「共通教育だより」』第三五号、大阪大学大学教育実践センター、二〇〇九年、一四―一五ページ
兵藤友博、西谷正、益川敏英、荒牧正也、小長谷大介、黒田光太郎「戦後日本の大学における物理系の学術研究体制を考える―名古屋大学・物理学教室の科学・思想・制度・運営―・日本科学史学会第六二回年会シンポジウム報告」、『科学史研究』第五五巻二七七号、日本科学史学会、二〇一六年、六五―七七ページ
石川優「マンガ同人誌―誰もが自由に出版を―」、竹内オサム、西原麻里（編著）『マンガ文化55のキーワード』ミネルヴァ書房、二〇一六年、第五章「流通と産業」三七項、一六四―一六七ページ
金田淳子「マンガ同人誌　解釈共同体のポリティクス」、佐藤健二、吉見俊哉（編）『文化の社会学』有斐閣、二〇〇七年、第七章、一六三―一九〇ページ
金田淳子「やおいパロディにおける腐女子の規範と可能性」、日本性教育協会（編）『腐女子文化のセクシュアリティ』日本性教育協会、二〇〇九年、五五―六九ページ

Kobayashi, M., & Maskawa, T. (1973). CP Violation in the Renormalizable Theory of Weak Interaction. *Progress of Theoretical Physics*, 49 (2), 652-657.
小林誠「小林・益川理論はどのようにして生まれたのか」、『総研大ジャーナル』第二号、国立大学法人総合研究大学院大学、二〇〇二年、二二―二五ページ
高エネルギー加速器研究機構「世界を変えた一つの論文」、『News@KEK 2003. 6. 12』高エネルギー加速器研究機構、二〇〇三年
日下九八「ウィキペディア　その信頼性と社会的役割」、『情報管理』第五五巻一号、独立行政法人科学技術振興機構、二〇一二年、二―一二ページ
松本宣郎「キリスト教の成立」、松本宣郎（編）『キリスト教の歴史（1）初期キリスト教～宗教改革』山川出版社、二〇〇九年、第一章、一一―六四ページ
松沢哲郎『想像するちから　チンパンジーが教えてくれた人間の心』岩波書店、二〇一一年
三浦佑之『浦島太郎の文学史　恋愛小説の発生』五柳書院、一九八九年
Nambu, Y., & Jona-Lasinio, G. (1961). Dynamical Model of Elementary Particles Based on an Analogy with Superconductivity I, II. *Physical Review*, 122, 345-358, 124, 246-254.
ネラ・ノッパ「同人誌研究に見出せるマンガ研究の可能性」、ジャクリーヌ・ベルント（編）『世界のコミックスとコミックスの世界―グローバルなマンガ研究の可能性を開くために』京都精華大学国際マンガ研究センター、二〇一〇年、第九章、一二五―一四〇ページ
西村マリ『アニパロとヤオイ』太田出版、二〇〇二年

岡部大介「腐女子のアイデンティティ・ゲーム：アイデンティティの可視／不可視をめぐって」、『認知科学』第一五巻四号、日本認知科学会、二〇〇八年、六七一－六八一ページ
小山内秀和、楠見孝「物語世界への没入体験─読解過程における位置づけとその機能─」、『心理学評論』第五六巻四号、心理学評論刊行会、二〇一三年、四五七－四七三ページ
島田雅彦『深読み日本文学』集英社インターナショナル、二〇一七年
島並良「二次創作と創作性」、『著作権研究』第二八号、著作権法学会、二〇〇三年、二八－三六ページ
鈴木宏昭「プロジェクション科学の目指すもの」、『認知科学』第二六巻一号、日本認知科学会、二〇一九年、五二－七一ページ
竹宮惠子「ものを創りだすこと　わたしの物語は、あなたの物語になる」、『心理学ワールド』第六三号、日本心理学会、二〇一三年、五－八ページ
戸田山和久『「科学的思考」のレッスン　学校で教えてくれないサイエンス』ＮＨＫ出版、二〇一一年
矢野経済研究所『２０１６　クールジャパンマーケット／オタク市場の徹底研究』矢野経済研究所、二〇一六年
吉田敦彦『日本神話の源流』講談社、一九七六年
吉田栞、文屋敬「腐女子と夢女子の立ち位置の相違」、『福岡女学院大学紀要　人文学部編』第二四号、福岡女学院大学、二〇一四年、六一－八一ページ
よしながふみ『あのひととここだけのおしゃべり』太田出版、二〇〇七年

第三章

Dunn, E., Aknin, L., Norton, M. (2008). Spending Money on Others Promotes Happiness. *Science*, 319 (5870), 1687-1688.
橋本麻里「彼女たちの『願わくは同好に頒たん』」、『ユリイカ（特集・女オタクの現在　推しとわたし）』第五二巻一一号、青土社、二〇二〇年
石井公成『〈ものまね〉の歴史　仏教・笑い・芸能』吉川弘文館、二〇一七年
石岡良治「怒涛の観賞体験をもたらすコールアンドレスポンスの妙技」、『美術手帖（特集　2・5次元文化　キャラクターのいる場所）』第六八巻一〇三八号、美術出版社、二〇一六年、一〇六―一一〇ページ
神田桂一、菊池良『もし文豪たちがカップ焼きそばの作り方を書いたら』宝島社、二〇一七年
片岡義朗、やまだないと「プロデューサーとマンガ家が語る、2・5次元ミュージカルの原体験」、『美術手帖（特集　2・5次元文化　キャラクターのいる場所）』七六―八一ページ
川合伸幸『ヒトの本性　なぜ殺し、なぜ助け合うのか』講談社、二〇一五年
講談社（編）『劇場版　きのう何食べた？　オフィシャルブック』講談社、二〇二一年
栗田貫一「目指しているのは究極のものまねなんです！」、『クイック・ジャパン』第九七号、太田出版、二〇一一年、一八二―一八三ページ
栗田貫一、山寺宏一「2代目の葛藤と『ルパン三世』50年目の〝船出〟」、『Movie Walker Press』二〇二一年一〇月九日付けインタビュー記事

Melis, A. P., & Tomasello, M.（2013）. Chimpanzees'（Pan troglodytes）strategic helping in a collaborative task. *Biology Letters*, 9, 20130009.
Sugiura, H.（1993）. Temporal and Acoustic Correlates in Vocal Exchange of Coo Calls in Japanese Macaques. *Behaviour*, 124, 207-225.

第四章

Dunbar, R.（2014）. *HUMAN EVOLUTION*.（鍛原多惠子（訳）『人類進化の謎を解き明かす』インターシフト、二〇一六年）
藤田和生『比較認知科学への招待　「こころ」の進化学』ナカニシヤ出版、一九九八年
原田悦子「野島さんという認知科学の形」、『認知科学』第一九巻二号、日本認知科学会、二〇一二年、一四五ページ
Harari, Y. N.（2011）. *SAPIENS: A Brief History of Humankind*.（柴田裕之（訳）『サピエンス全史』河出書房新社、二〇一六年）
海部陽介『日本人はどこから来たのか？』文春文庫、二〇一九年
川合伸幸『心の輪郭　比較認知科学から見た知性の進化』北大路書房、二〇〇六年
北原義典『イラストで学ぶ　認知科学』講談社、二〇二〇年
久保（川合）南海子「老化によって失うものと現れてくること―老齢ザルの認知研究から―」、日本女子大学 Cognitive Gerontology 研究会（編）『老年認知心理学への招待』風間書房、二〇〇六年、第九章、

一六一―一八二ページ
Kubo, N., Kato, A., Nakamura, K. (2006). Deterioration of planning ability with age in Japanese monkeys (*Macaca fuscata*). *Journal of Comparative Psychology* 120 (4), 449-455.
Kubo-Kawai, N. & Kawai, N. (2007). Interference effects by spatial proximity and age-related declines in spatial memory by Japanese monkeys (*Macaca fuscata*) : Deficits in the combined use of multiple spatial cues. *Journal of Comparative Psychology* 121 (2), 189-197.
武藤ゆみ子、岡田浩之『ＡＩとうまくつきあう方法』玉川大学出版部、二〇二一年
ＮＨＫスペシャル「人類誕生」制作班『大逆転！　奇跡の人類史』ＮＨＫ出版、二〇一八年
ＮＨＫスペシャル取材班『ヒューマン　なぜヒトは人間になれたのか』ＫＡＤＯＫＡＷＡ、二〇一四年
鈴木宏昭『教養としての認知科学』東京大学出版会、二〇一六年
鈴木宏昭、田中彰吾、入來篤史、尾形哲也「プロジェクション科学の基盤拡充を目指して　関連諸科学との対話」、『二〇二〇年度日本認知科学会第三七回大会発表抄録集』日本認知科学会、二〇二〇年、一〇〇三―一〇〇六ページ
内村直之、植田一博、今井むつみ、川合伸幸、嶋田総太郎、橋田浩一『はじめての認知科学』新曜社、二〇一六年

第五章

Botvinick, M., & Cohen, J. (1998). Rubber hands 'feel' touch that eyes see. *Nature*, 391, 756.

Bouldin, P., & Pratt, C. (2001). The ability of children with imaginary companions to differentiate between fantasy and reality. *British Journal of Developmental Psychology*, 19 (1), 99-114.

Geiger, J. (2009). *The Third Man Factor: The Secret to Survival in Extreme Environments.*（伊豆原弓（訳）『奇跡の生還へ導く人　極限状況の「サードマン現象」』新潮社、二〇一〇年）

本間元康「ラバーハンドイリュージョン　その現象と広がり」、『認知科学』第一七巻四号、日本認知科学会、二〇一〇年、七六一―七七〇ページ

堀口こみち「ぬいぐるみ病院のこと」、『ユリイカ（特集　ぬいぐるみの世界）』第五三巻一号、青土社、二〇二一年

入來篤史『道具を使うサル』医学書院、二〇〇四年

久保（川合）南海子「腐女子の『女子ジレンマ』」、『二〇一七年度日本認知科学会第三四回大会発表抄録集』日本認知科学会、二〇一七年、一四八―一五二ページ

久保（川合）南海子「ジェンダーの地平と多様性」、日本学術協力財団（編）『学術会議叢書二九　人文社会科学とジェンダー』日本学術協力財団、二〇二二年、第三部―二、二九七―三〇九ページ

森口佑介『おさなごころを科学する　進化する乳幼児観』新曜社、二〇一四年

仲真紀子、久保（川合）南海子（編著）『女性研究者とワークライフバランス　キャリアを積むこと、家族を持つこと』新曜社、二〇一四年

中田龍三郎、川合伸幸「社会的な存在―他者―を投射する」、『プロジェクション・サイエンス　心と身体を世界につなぐ第三世代の認知科学』近代科学社、二〇二〇年、第六章、一三九―一五七ページ

鳴海拓志「バーチャルリアリティによる身体の異投射が知覚・認知・行動に与える影響とその活用」、『プロジェクション・サイエンス　心と身体を世界につなぐ第三世代の認知科学』第四章、七八―一一三ページ
日本家政学会（編）『表現としての被服』朝倉書店、一九八九年
小野哲雄「プロジェクション・サイエンスがＨＡＩ研究に理論的基盤を与える可能性」、『プロジェクション・サイエンス　心と身体を世界につなぐ第三世代の認知科学』第五章、一一四―一三八ページ
大住倫弘、信迫悟志、嶋田総太郎、森岡周「プロジェクション・サイエンスから痛みのリハビリテーションへ」、『プロジェクション・サイエンス　心と身体を世界につなぐ第三世代の認知科学』第三章、五八―七七ページ
嶋田総太郎「プロジェクションと物語的自己　身体性の彼方へ」、『脳のなかの自己と他者』共立出版、二〇一九年、第七章、二四一―二七六ページ
山中大子「恋愛と被服行動に関する研究―被服による自己形成と他者との関わり―」、『繊維製品消費科学』第四七巻一一号、日本繊維製品消費科学会、二〇〇六年、六四〇―六四五ページ

第六章

Bruner, J. (1990). *Acts of Meaning.*（岡本夏木、仲渡一美、吉村啓子（訳）『意味の復権　フォークサイコロジーに向けて（新装版）』ミネルヴァ書房、二〇一六年）
Dennett, D. C. (1991). *Consciousness Explained.*（山口泰司（訳）『解明される意識』青土社、一九九八年）

奥野修司『魂でもいいから、そばにいて　3・11後の霊体験を聞く』新潮社、二〇一七年
横川良明『人類にとって「推し」とは何なのか、イケメン俳優オタクの僕が本気出して考えてみた』サンマーク出版、二〇二一年

JASRAC 出 2203280−404

久保(川合)南海子(くぼ(かわい)なみこ)

一九七四年東京都生まれ。日本女子大学大学院人間社会研究科心理学専攻博士課程修了。博士(心理学)。日本学術振興会特別研究員、京都大学霊長類研究所研究員、京都大学こころの未来研究センター助教などを経て、現在、愛知淑徳大学心理学部教授。専門は実験心理学、生涯発達心理学、認知科学。著書に『女性研究者とワークライフバランス　キャリアを積むこと、家族を持つこと』(新曜社)ほか多数。

「推《お》し」の科学《かがく》 プロジェクション・サイエンスとは何《なに》か　　集英社新書一一二七G

二〇二二年八月二二日　第一刷発行
二〇二四年六月　八　日　第四刷発行

著者……久保《くぼ》(川合《かわい》)南海子《なみこ》

発行者……樋口尚也

発行所……株式会社集英社
東京都千代田区一ツ橋二-五-一〇　郵便番号一〇一-八〇五〇
電話　〇三-三二三〇-六三九一(編集部)
　　　〇三-三二三〇-六〇八〇(読者係)
　　　〇三-三二三〇-六三九三(販売部)書店専用

装幀……原　研哉

印刷所……大日本印刷株式会社　TOPPAN株式会社

製本所……加藤製本株式会社

定価はカバーに表示してあります。

ISBN 978-4-08-721227-3 C0240

a pilot of wisdom

集英社新書　好評既刊

科学――G

博物学の巨人 アンリ・ファーブル	奥本大三郎
物理学の世紀	佐藤 文隆
生き物をめぐる4つの「なぜ」	長谷川眞理子
ゲノムが語る生命	中村 桂子
安全と安心の科学	村上陽一郎
松井教授の東大駒場講義録	松井 孝典
時間はどこで生まれるのか	橋元淳一郎
非線形科学	蔵本 由紀
大人の時間はなぜ短いのか	一川 誠
量子論で宇宙がわかる	マーカス・チャウン
挑戦する脳	茂木健一郎
錯覚学―知覚の謎を解く	一川 誠
宇宙は無数にあるのか	佐藤 勝彦
ニュートリノでわかる宇宙・素粒子の謎	鈴木 厚人
宇宙論と神	池内 了
非線形科学 同期する世界	蔵本 由紀
宇宙を創る実験	村山斉・編
地震は必ず予測できる！	村井 俊治
宇宙背景放射「ビッグバン以前」の痕跡を探る	羽澄 昌史
チョコレートはなぜ美味しいのか	上野 聡
AIが人間を殺す日	小林 雅一
したがるオスと嫌がるメスの生物学	宮竹 貴久
地震予測は進化する！	村井 俊治
プログラミング思考のレッスン	野村 亮太
ゲノム革命がはじまる	小林 雅一
ネオウイルス学	河岡 義裕
リニア新幹線と南海トラフ巨大地震	石橋 克彦
宇宙はなぜ物質でできているのか	小林誠・編著
「推し」の科学	久保(川合)南海子
特殊害虫から日本を救え	宮竹 貴久

a pilot of wisdom

医療・健康——Ｉ

ブルーライト　体内時計への脅威　坪田一男
子どもの夜ふかし　脳への脅威　三池輝久
「間」の悪さは治せる！　小林弘幸
すべての疲労は脳が原因　梶本修身
西洋医学が解明した「痛み」が治せる漢方　井齋偉矢
糖尿病は自分で治す！　福田正博
アルツハイマー病は治せる、予防できる　西道隆臣
すべての疲労は脳が原因２〈超実践編〉　梶本修身
認知症の家族を支える　ケアと薬の「最適化」が症状を改善する　髙瀬義昌
産業医が見る過労自殺企業の内側　大室正志
すべての疲労は脳が原因３〈仕事編〉　梶本修身
人間の値打ち　鎌田實
スマホが学力を破壊する　川島隆太
体力の正体は筋肉　樋口満
ガンより怖い薬剤耐性菌　三瀬勝利・山内一也
本当はこわい排尿障害　高橋知宏
心療眼科医が教える　その目の不調は脳が原因　若倉雅登
定年不調　石蔵文信
悪の脳科学　中野信子
女は筋肉　男は脂肪　樋口満
出生前診断の現場から　室月淳
すべての不調は口から始まる　江上一郎
赤ちゃんと体内時計　胎児期から始まる生活習慣病　三池輝久
スポーツする人の栄養・食事学　樋口満
免疫入門　最強の基礎知識　遠山祐司
コロナとＷＨＯ　感染症対策の「司令塔」は機能したか　笹沢教一
胃は歳をとらない　三輪洋人
他者と生きる　リスク・病い・死をめぐる人類学　磯野真穂
大人の食物アレルギー　福冨友馬
ヤング中高年　人生１００年時代のメンタルヘルス　竹中晃二
ゲノムの子　世界と日本の生殖最前線　石原理
体質は３年で変わる　中尾光善
若返りホルモン　米井嘉一

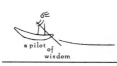

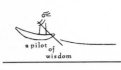